정의를 찾아서

정의를
찾아서

IN PURSUIT OF JUSTICE The importance of psychosocial support for torture victims participating in legal proceedings

법정에 선 고문피해자를 위한 심리사회적 지원

국제고문피해자재활협회 지음
김근태기념치유센터 '숨' 편역

건강
미디어
협동조합

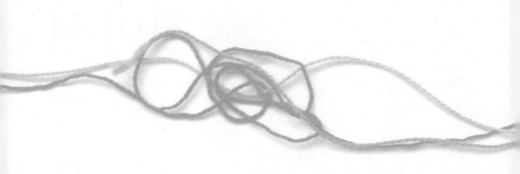

In Pursuit of Justice

The importance of psychosocial support for torture victims participating in legal proceedings

2014 International Rehabilitation Council for Torture Victims (IRCT)
Printed in Denmark
ISBN(print): 978-87-93113-09-1
ISBN(online): 978-87-93113-10-7

IRCT
Copenhagen Europe Center,
Vesterbrogade 149, building 4, 3rd floor,
1620 Copenhagen V, Denmark
Phone: +45 44 40 18 30
Fax: +45 44 40 18 54
Email: irct@irct.org
Homepage: www.irct.org

Illustrations: Moran Barak
Layout design: Yael Ramot, 2G1C

irct
International
Rehabilitation
Council for
Torture Victims

책 발간을 위한 〈공익출판 캠페인〉에 참여해 주신 분들입니다.
이 책 판매 수익금은 전액 김근태기념치유센터 '숨'에 지원됩니다.

고경심 김규연 김상숙 김영진 김정숙 김종필 박은성 박재영
박혜경 백재중 손창호 신좌섭 안현의 양정순 유남영 유진경
유충희 이상희 이석태 이영문 이인재 이종훈 이해령 이화영
인재근 임상혁 임채도 정영진 정혜진 조영선 조원경 주영수
최창남 함세웅 현창하

한국어판 제작에 함께하신 분들

[번역에 참여한 분들]
김규연(의사, 녹색병원 직업환경의학과)
민정원(의사, 정신건강의학과)
박현주(의사, 가정의학과)
박혜경(의사, 일산백병원 호흡기내과)
이주영(의사, 정신건강의학과)
편세정(연구원, 인권의학연구소)

[번역 감수에 참여한 분들]
이상희(변호사, 민주사회를위한변호사모임)
이화영(의사, 인권의학연구소/김근태기념치유센터)

[한국 사례 집필]
임채도(사무국장, 인권의학연구소)

함 세 웅

신부, 인권의학연구소, 김근태기념치유센터 '숨' 이사장

우리 근현대 1백 년의 역사는 식민지와 분단, 전쟁, 독재로 점철된 시련과 고통의 연속이었습니다. 그러나 이 시련의 역사를 조금만 더 자세히 들여다보면, 좌절과 고통 속에서도 불의에 저항하고 싸웠던 정의의 역사가 동전의 양면처럼 결부되어 있음을 알 수 있습니다.

정의(Justice)는 소극적으로 '정당하지 않은 불평등'이 없는 상태를 의미하지만 정의의 생명은 불의를 용납하지 않는 저항정신, 옳음을 추구하는 인간의 덕성에 있습니다. 국제고문피해자재활협회(IRCT)에서 펴내고 건강미디어협동조합과 김근태기념치유센터가 번역, 출판하는 이 책은 반인간적 고문범죄의 피해자들이 온 몸으로 보여주는 살아있는 정의의 교본입니다. 이 책에 담긴 필리핀, 터키, 베네수엘라, 알바니아, 콩고 그리고 한국의 국가폭력 피해자들의 증언은 반인간적 고문범죄의 실상과 고문피해자들의 자유와 정의를 위해 분투하는 이들의 생생한 목소리를 담고 있습니다.

1990년대 중반 이후 우리나라 정부가 설립했던 여러 과거사 조사
기구들이 확인한 고문 등 국가폭력 피해자들의 수는 30만 명이 넘습
니다. 아직도 드러나지 않은 피해자들을 생각하면 전체 피해자 수를
헤아릴 길이 없습니다. 근년에 비록 일부이지만 우리나라 재판정에서
도 고문피해자들이 형사, 민사 재심 법정에 서고 있습니다. 그러나 과
거 고문을 통해 권력을 지켰던 가해자들, 그 권력에 아부하고 맹종했
던 사법부와 언론 권력들은 여전히 처벌받지 않고 있습니다. 과거 고문
범죄를 단죄하는 재심 법정에 선 한국 고문피해자들의 현실은 여전히
외롭고 어둡습니다.

　이미 오래 전부터 고문피해자 재심법정 동행지원활동을 전개해 온
김근태기념치유센터가 이 책을 국내에 소개하는 것은 매우 뜻 깊고
의미가 큽니다. 이 책의 발간을 통해 많은 고문피해자들에게 더 적절
한 심리·사회적 치유지원이 있기를 바랍니다. 법정의 재판부를 비롯한
검찰, 변호인들도 이 책을 통해 고문피해자들을 더 생각하고 깊이 성
찰하기를 바랍니다. 학생과 일반 시민들이 국가폭력에 대해 성찰하고
사회정의를 실천하는 데에도 이 책은 큰 도움을 줄 것입니다.

　이 책의 출간을 위해 노력하신 건강미디어협동조합, 김근태기념치유
센터의 여러 관계자들에게도 여러 뜻있는 분들을 대신하여 깊은 감사
의 인사를 드립니다.

인 재 근

국회의원, 김근태기념치유센터 '숨' 공동대표

책의 마지막 장을 덮고 나서도 한동안 과거의 여러 기억들이 머릿속을 스쳐 지나갔습니다. 세계 각국, 얼굴도 모르는 사람들이 전해온 이야기는 바로 대한민국과 제 주변사람들이 겪은 일이기도 했기 때문입니다.

『정의를 찾아서』는 국제고문피해자재활협회(IRCT)에서 고문피해자들의 경험과 그들에 대한 지원 사례를 모은 보고서입니다. 한 개인의 삶이 국가권력의 부당한 횡포 앞에 얼마만큼 망가질 수 있는지, 이것을 바로잡기 위해선 얼마나 많은 노력이 필요한지 보여줍니다.

불의에 맞서는 일은 언제나 용기를 필요로 하지만 그 대상이 국가권력일 때는 더 많은 용기와 인내가 필요합니다. 피해자들은 때로는 보복의 위협에 시달리기도 하고, 때로는 재판 과정에서 과거의 기억으로 인해 정신적으로 고통 받기도 합니다. 무엇보다 그 많은 희생을 감내하고도 아무것도 바뀌지 않는 현실은 고문보다 더 큰 절망이 되어 피해자들을 짓누릅니다. 실제로 많은 고문 피해자들이 정의를 찾고 잃어버린 삶을 회복하는 여정에서 이와 같은 이유로 주저앉고 맙니다.

이것은 단순히 개인의 문제가 아니라 사회 정의를 바로잡는 일이라는 점에서 우리 모두의 문제라고 할 수 있습니다. 그러므로 사회구성원 모두가 힘을 모아 고문 피해자들을 위한 제도적 지원을 마련하는 한편, 가해자들에 대해 끝까지 엄중한 책임을 물어야만 할 것입니다.

고문후유증으로 고통 속에 살다간 제 남편 김근태는 마지막 순간까지도 역사와 민주주의에 대한 희망을 잃지 않았습니다. 김근태를 믿고 지지해주는 친구들이 있었기에 가능한 일이었습니다. 저희 가족이 받았던 소중한 마음들은 고문피해자들을 위해 김근태기념치유센터를 세우는 데 큰 자산이 되었습니다.

부디 이 책으로 더 많은 분들이 국가폭력에 희생된 사람들의 목소리에 귀를 기울일 수 있기를 기대합니다. 그들에게 보내는 공감과 격려는 절망을 넘어서게 하는 더 강한 힘이 될 것입니다. 지금보다 더 많은 사람들이 더 큰 희망을 품고 살 수 있는 세상을 위해 언제나 함께하겠습니다.

빅터 마드리갈 볼로즈 (Victor Madrigal-Borloz)

IRCT 사무총장

사법적 정의의 실현은 고문생존자의 재활과 가해자의 사면 방지에
도 중요한 역할을 한다. 그러나 이를 위한 소송과정에서 대다수의 피
해자들은 심한 스트레스를 받고, 낯설고도 불편한 경험을 겪게 된다.
문제는 사법절차 중 고문피해자가 겪게 되는 이러한 특수한 어려움에
대해 사법절차 진행기관인 재판부와 수사기관조차 충분히 헤아리고
적절히 대처하지 못하는 경우가 허다하다는 점이다.

고문피해자에 대한 배려와 지원이 부족한 현 상황은, 소송과정에서
피해자가 할 수 있는 중요한 역할에 악영향을 미치고 나아가 피해자에
게 재외상화까지 초래할 수 있다.

이 보고서는 고문생존자 다섯 명의 이야기를 조명한다. 이 다섯은
국제고문피해자재활협회(International Rehabilitation Council for

Torture Victims, 이하 IRCT)의 회원센터들로부터 심리사회적 지원을 받으면서, 사법적 정의를 실현하기로 결정한 이들이다. 사법절차를 밟고 있는 고문피해자들을 심리사회적으로 지원해온 37개의 IRCT 회원센터들의 역할과 경험 또한 보고서에 포함하였다.

이 보고서를 통해 우리는 사법적 정의를 실현하기 위해 법정에 선 고문피해자들에게 적절한 심리사회적 지원이 필수적임을 강조하고자 한다. 이는 피해자들이 재판에 적절히 대비하고, 소송의 전 과정에 걸쳐 기대 수준이나 심리적 상태를 조절하는 데 반드시 필요하다.

여러 분야의 개입을 통한 심리사회적 지원은 고문피해자의 심리적 안정에 도움을 줄 뿐 아니라, 나아가 고문피해자가 재판과정에서 자신의 역할을 잘 수행하는 데 결정적으로 기여한다.

고문피해자에게 적절한 지원과 보호를 제공하기 위해서는, 여러 분야의 협력이 필요할 것이다. 정부에게는 입법조치와 기금마련을 통해 고문피해자의 사법절차 참여를 보호해야 할 의무가 있다. 재판부는 고문피해자가 겪는 특수한 어려움과 취약점을 고려하고, 이것들이 어떻게 피해자의 재판대응 능력에 영향을 미치고 소송과정에 영향 미치는지를 명확히 이해해야 한다.

법률가와 보건의료 전문가는 각자의 지식과 전문성을 공유하고, 피해자에게 통합된 지원을 제공하기 위해 서로 협력해야 한다.

IRCT는 이 보고서가 법정에 선 고문피해자가 겪는 경험을 개선하는 데 기여하기를 바란다. 더불어, 가해자 처벌과 가해자 사면방지를 위해 고문피해자들이 매우 중요한 역할을 한다는 사실을 다시 한 번 강조한다.

CONTENTS

재판은 재활과정에서 어떤 역할을 하는가?

...

수많은 고문피해자들은 고문으로 겪은 충격으로 인해 여러 해가 지난 후에도 여전히 고통당하고 있다. 이들 대부분에게 가해자 처벌과 고문피해 관련 보상(compensation)은 고문피해자 재활을 위한 필수적인 조처이다. 사법절차는 피해자에 대한 구제(redness)와 배상(reparation)을 가능하게 할 뿐 아니라 가해자 처벌이라는 두 가지 측면에서 법규와 동등한 역할을 할 수 있다.

그러나 재판참여가 피해자의 회복에 어려움을 미칠 수 있다는 점과 재판 중 피해자의 요구를 잘 인식하는 방식의 사법절차는, 피해자와 공동체의 궁극적 이익과 안녕을 보장하는 데 필수적이다. 이는 정의가 이 땅에 있음을 확인하게 하고, 피해자 치유와 화해의 과정을 촉진한다.

고문이 피해자의 신체적, 정신적 건강에 미치는, 장기간에 걸친 외상적 영향은 명백하게 입증되어 왔다. 가해자의 사면을 직면한 피해자들이 두려움, 무력감, 부당함, 상실감, 삶에 대한 통제력 상실 등의 극단적인 감정을 경험한다는 것이, 전쟁생존자와 고문 등 인권침해 피해자에 대한 선행연구에서 밝혀졌다. 이런 외상에서 회복되는 것은 장기간의 노력이 필요하며, 외상 후 스트레스 장애(Post-Traumatic Stress Disorder, 이하 PTSD)와 우울증은 두려움, 통제력 상실, 외상을 가한 가해자에 의한 위협 등과 밀접한 관련이 있다고 한다.

많은 고문피해자가 타인에게서 낙인찍혔다고 느끼는 데서 오는 사회적 고립으로 인해 또한 고통 받고 있다. 그러나 고문피해자들이 그들의 목소리를 내고 사회적으로 인정받으며 공동체로부터 지지받을 때 이들은 진정한 사회구성원으로 다시 편입될 수 있다.

일부 고문피해자들의 경우, 사법절차에 참여하는 경험은 그들의 회복에 긍정적인 영향을 주었으며 재활과정에 중요한 역할을 하였다. 재판에 참여하면서 고문피해자의 PTSD 증상이 줄어들고, 정의 실현에 대한 믿음으로 인해 회복이 촉진된다는 점이 연구를 통해 밝혀졌다. 더불어, 피해자들은 법정에 서서 증언하면서 안도감을 경험하기도 한다. 사법절차는 가해자에게 죄를 묻고, 피해상황을 인정함으로써 피해자의 존엄성 회복에 도움을 줄 수 있기 때문이다.

나아가, 사법절차를 통한 배상은 피해자들이 겪은 경험에 대한 공식적인 인정으로 여겨지기도 한다. 실제로, 기념식이나 사죄와 같은 무형적이고 상징적인 방법들이 금전적인 보상보다 더 중요하게 받아들여진다는 점이 연구에서 밝혀진 바 있다.

　한편, 또 다른 피해자들은 재판과정에서 부정적인 충격을 받거나 심지어는 재외상화(re-traumatization)를 겪기도 한다. 국가기관에 대한 전반적인 불신과, 가해자가 충분히 처벌받지 않았다는 느낌(특히 고문이 자행된 국가에서 재판이 열리는 경우)은 소송과정에 대한 근본적 불신을 야기할 수 있다. 또한 재판에 참여하면서 피해자는 (예를 들어 가해자들이 법의 심판을 받거나, 피해자 자신의 이야기를 나눌 수 있는 등) 현실에서 충족되기 어려운 기대를 갖기도 한다. 그러나 많은 사법제도에서 형사재판 중 피해자의 참여방법은 증인이나 참관인 정도로 한정되어 있고, 제한된 법적 권한 내에서 발언권을 얻지 못하는 경우가 종종 있다.

　예를 들어 재판관, 검사, 변호사는 피해자에게 제한된 개입만을 허락하거나, 피해자의 경험 중에서 사건의 증거와 직접적으로 관련 있다고 여겨지는 특정 부분에만 관심을 두는 경우가 적지 않다. 또한 공개재판의 반대신문 과정에서 피해자의 발언에 대한 신뢰성을 의심하기도 한다. 피해자는 가장 가까운 가족에게도 이야기하지 못했던, 외상적이고 굴욕적인 경험을 재판에서 공개적으로 말하도록 요구받을 수도 있다. 이러한 제약은 피해자에게 부당하게 느껴질 수 있지만, 피고인(가해자)에게도 공정한 재판을 받을 권리를 보장해야 하는 법원의 의무이기도 하다.

법원의 피해자에 대한 관심과 배려 부족도 또한 피해자에게 부정적인 영향을 미친다. 피해자는 흔히 가해자 중심의 형사소송절차에 대해 환멸을 느끼거나, 판사를 비롯한 재판 관계자들이 피해자들의 외상을 좀 더 잘 이해해줄 것을 바라게 된다. 또한 피해자는 재판 과정이 가해자인 피고인에게 초점을 맞추는 것을 이해하지 못할 수 있다.

게다가 많은 법원에서 재판과정 중 피해자와 가해자가 대기실을 공유하거나, 법정에서 위협을 당하는 등 여전히 피해자와 증인에 대한 적절한 안전장치가 부족한 실정이다. 게다가 사법절차는 보통 오래 걸리기 마련이고 때로 피해자에게 명확하게 설명되지 않거나 오해를 불러일으킬 수도 있는 절차적 규칙에 기초하고 있어서, 긴 기간의 재판과정에 비해 재판결과가 피해자의 기대치에 미치지 못할 수 있다.

공개재판은 피해자에게 감정적 고통과 심한 스트레스를 야기할 가능성이 크다. 그 과정에서 피해자의 심리상태가 악화되고, 재외상화에 노출될 위험이 있다. 이전에 완전히 회복이 된 경우에도, 피해자가 직면해야 하는 고통스러운 기억은 고문으로 인한 고통의 빈도와 강도를 증가시킨다.

또한 재판방식과, 재판과정에서 피해자에게 주어진 제한적 역할에서 느끼게 되는 무력감도 재외상화를 야기한다. 재판에 참여하고 가해자와 마주쳐야 하는 과정에서 사건의 기억이 다시 떠오르게 된다. 고문을 증명해야 하는 상황은 피해자에게 엄청난 스트레스를 주고, 극단적인 반응을 유발하기도 한다.

심리사회적 지원이 재판과정에서 왜 중요한가?

• • •

심리사회적 지원의 목적은 고문피해자가 살아나갈 힘을 다시 얻고(re-empower) 삶을 충분히 재개할 수 있도록 돕는 것이다. 고문생존자들이 개인적 사회적으로 회복할 수 있도록 돕는 광범위한 개입이 심리사회적 지원에 포함될 수 있다. 고문생존자의 경우, 정의를 실현하고 배상을 받는 과정에서 적절한 심리사회적, 법적 지원은 매우 중요하다. 이러한 지원은 고문피해자 개인뿐 아니라 사법절차에도 이롭다. 실무적인 지원과 피해자의 적절한 기대수준 조성, 재판과정에 대한 피드백 등 사법절차를 밟는 고문피해자에게 제공되는 많은 지원책들은, 피해자가 감정적으로 강해지도록 자신감을 북돋아 재판과정에 더욱 적극적으로 참여할 수 있게 한다. 만약 법정에 선 고문피해자가 신뢰할 수 있는 증인으로서 사실정황을 자신감 있고 분명하게 표현할 수 있다면 이는 사법절차의 전반적 질과 효율성을 높이는 데 긍정적으로 기여하게 된다. 그러나 외상을 경험한 고문피해자가 적절한 지원 없이 재판에서 증언을 하게 되면 충분히 준비되지 않은 증언으로 인해 결국 재판결과에 부정적 영향을 미칠 위험이 오히려 높다.

심리사회적 지원이 사법절차에서 고문피해자들에게 긍정적 영향을 줄 수 있음에도 불구하고, 이 쟁점은 현재 법률전문가 집단 내에서 거의 관심 받지 못하고 있다. 고문이 피해자의 증언에 어느 정도 영향을 미치는지에 대한 이해가 일반적으로 부족하다. 따라서 재판 참여가 피해자의 심리적 안정과 재판에 건설적으로 기여할 능력에 어떤 영향을 미치는지에 대한 인식도 부족하게 된다. 실제로 법정에서 고문피해자에 대한 법률전문가의 이해수준과 태도는, 재판과정과 결과에 대한 피해자의 만족도를 결정하는 중요한 요인이다.

그러므로 이 보고서의 목적은 보건의료전문가와 법률전문가에게 고문피해자에 대한 심리사회적 지원의 필요성, 영향, 가능한 해결책을 제시함으로써 고문피해자의 사법절차 참여가 그들의 회복과정 전반에 가능한 한 긍정적으로 작용하도록 돕는 것이다.

IRCT의 활동

• • •

IRCT는 고문피해자의 재활을 지원하고, 사법적 접근을 증진하며 전 세계의 고문방지를 위해 활동하는, 독립적인 보건 관련 국제인권단체이다. IRCT는 70여 국가에 140개가 넘는 독립적 회원센터들로 구성되어 있고, 고문피해자의 재활과 고문방지 영역에서 가장 많은 회원센터들로 조직된 시민사회단체이다.

회원 조직 단체로서, IRCT 회원센터들은 조직활동의 핵심이다. 회원센터들은 다양한 배경에서 고문피해자 지원에 관한 경험과 전문지식을 제공한다. IRCT 사무국은 조직의 전략, 정책 구조 및 프로젝트 중심의 활동을 위해 회원센터들을 지원하고 있다.

법정에 선 고문피해자 지원을 위한 IRCT 활동

• • •

IRCT의 회원센터들은 다양한 대륙, 국가, 지역에서, 그리고 다양한 경제적, 문화적, 정치적 환경에서 활동하고 있다. 회원센터들은 다양한 집단들에게 맞춤형 재활프로그램을 제공하고, 고문이 개인, 가족, 공동체에 미치는 영향을 알리기 위해 다양한 방법을 활용한다.

이 보고서에 참여한 모든 IRCT 회원센터들은 사법절차를 밟는 고문피해자를 지원한 경험이 풍부하고, 특히 이 과정에서 피해자의 의학적, 심리적 요구를 파악하고 적절히 대응하는 데 해박한 경험이 있다. 이들은 고문피해자에게 적절한 심리사회적 지원을 제공해왔고 재판과정에서 고문피해자들이 겪는 재외상화를 가능한 최소화하고자 했다.

이 보고서에 참여한 37개 회원센터들은 아시아, 아프리카, 유럽, 라틴아메리카, 중동, 북아프리카에 있다. 이 재활센터들은 사법절차 중에 있는 고문피해자를 심리사회적으로 지원하기 위해 다양한 자원과 전문성을 발전시켜왔다.

이 보고서에 기술된 대부분의 IRCT 회원센터들은 고문가해 혐의자를 상대로 한 형사소송에서 고문피해자를 지원한다. 또한 많은 센터들이 국가를 상대로 하는 국가배상청구소송과, 고문에 대한 국가의 책임을 요구하는 행정소송에 참여하는 고문피해자를 돕는다. 일부 센터는 국제적 또는 지역적 인권소송에 관련된 고문피해자를 지원한 경험이 있다. 이들은 국제형사법재판소(전 유고슬라비아), 유럽인권재판소(터키, 몰도바), 미대륙인권위원회, 특별재판소(ECCC), 유엔재판소 등에서 고문피해자를 지원했다.

보고서의 구조

• • •

이 보고서는 세 부분으로 구성된다. 1부는 고문피해자가 스스로의 경험을 통해, 재판과정이 본인에게 미친 영향을 소개하고, 이 과정에서 심리사회적 지원의 중요성을 피해자의 관점에서 제시한다.

2부는 재활센터에서 고문피해자를 지원하는 전문가들의 관점을 담고 있다. 사법절차의 경험이 피해자의 재활과정에 미치는 긍정적, 부정적 영향을 서술한다. 이러한 두 가지 관점에서, 이 보고서는 법정에 선 고문피해자가 직면하게 되는 특별한 어려움을 강조한다. 또한 고문피해자의 가장 보편적인 기대와 요구사항들을 파악하여 사법절차를 성공적으로 이끌고 그 과정에서 피해자의 경험을 개선하기 위한, 가장 좋은 전문적 지원책의 예를 제시한다.

마지막 3부에서는 고문피해자가 정의실현의 과정에 효과적으로 참여하고, 그 경험이 피해자의 건강과 재활에 해를 끼치지 않도록 보장하기 위한, 제도개선을 위한 핵심적 권고를 포함한다.

이 보고서에 기술된 사법절차는 고문가해자나 가혹행위자에게 책임을 묻고 피해자를 구제하기 위한 민사, 형사, 행정소송 절차를 의미한다. 이러한 이유로, 고문피해자가 난민소송에서 겪는 어려움이 민·형사 소송과 비슷함에도 불구하고, 난민인정절차는 이 보고서에서 제외했다.

보고서의 모든 자료는 고문피해자와의 직접적인 인터뷰 또는 고문피해자 재활센터에 종사하는 의사, 심리학자, 사회복지사 등의 보건전문가로부터 얻었다. 1부의 개인사에 언급된 이름과 특정한 내용은 피해자 자신과 가족의 신원을 보호하기 위해 임의로 바꾸었다.

고문피해자와 피해자 재활센터 전문가들의 헌신적인 노력이 없었다면 이 보고서는 불가능했을 것이다. IRCT는 개인적인 이야기를 나누어 준 모든 피해자들에게 감사를 전하고, 법정에 서서 정의를 찾고자 하는 노력이 성공하기를 바란다. 더불어 피해자의 이야기를 수집하고, 전문지식과 경험에 의거한 가장 좋은 지원책을 제시한 IRCT 회원센터들에게 감사 인사를 전한다. 이 보고서에 참여한 IRCT 회원센터는 다음과 같다.

Asia	Cambodia	Transcultural Psychosocial Organisation (TPO)
	India	Society for Social Research, Art and Culture (SOSRAC)
	Nepal	Centre for Victims of Torture (CVICT)
	Philippines	Balay Rehabilitation Center (Balay) Medical Action Group (MAG)
	Sri Lanka	Survivors Associated
Europe	Albania	Albanian Rehabilitation Centre for Trauma and Torture Victims (ARCT)
	Armenia	Foundation against Violation of Law (FAVL)
	Bosnia and Herzegovina	Centre for Torture Victims, Sarajevo(CTV Sarajevo) Vive Žene Centre for Therapy and Rehabilitation
	Croatia	Rehabilitation Centre for Stress and Trauma (RCT Zagreb)
	France	Parcours d'Exil
	Georgia	Georgian Center for Psychosocial and Medical Rehabilitation of Torture Victims (GCRT)
	Germany	Berlin Center for the Treatment of Torture Victims (bzfo)
	Kosovo	Kosova Rehabilitation Centre for Torture Victims (KRCT)
	Moldova	Medical Rehabilitation Center for Torture Victims (RCTV Memoria)
	Netherlands	Psychotrauma Centrum Zuid Nederland (RvA, NL)

Europe	*Romania*	ICAR Foundation in Bucharest (MRCTV Bucharest)
	Serbia	International Aid Network Center for Rehabilitation of Torture Victims(IAN CRVT)
	Turkey	Centre of Social Action, Rehabilitation and Readjustment (SOHRAM/CASRA) Human Rights Foundation of Turkey, Ankara Treatment and Rehabilitation Center (TIHV/HRFT Ankara)
	Ukraine	International Medical Rehabilitation Center for Victims of Wars and Totalitarian Regimes (IRC)
Latin America	*Argentina*	Equipo Argentino de Trabajo e Investigación Psicosocial (EATIP)
	Bolivia	Instituto de Terapia e Investigación sobre las Secuelas de Tortura y la Violencia Estatal (ITEI)
	Colombia	Acompañamiento Psicosocial y Atención en Salud Mental a Víctimas de Violencia Política (Corporación AVRE) Centro de Atención Psicosocial (CAPS Colombia)
	Ecuador	Fundación para la Rehabilitación Integral de Víctimas de Violencia (PRIVA)
	Venezuela	Red de Apoyo por la Justicia y la Paz (Red de Apoyo)
MENA	*Iran*	Organisation for Defending Victims of Violence (ODVV)
	Lebanon	Restart Center for Rehabilitation of Victims of Violence and Torture (RESTART)
	Palestinian Territory, Occupied	Treatment and Rehabilitation Center for Victims of Torture (TRC)
Sub-Saharan Africa	*Chad*	Association Jeunesse pour la paix et la Non Violence/ Centre de Rehabilitation des Victimes de la Torture (AJPNV/ CRVT)
	Democratic Republic of Congo	Save Congo
	Kenya	Independent Medico-Legal Unit (IMLU) Mwatikho Torture Survivors Organisation (MATESO)
	Sierra Leone	Community Association for Psychosocial Services (CAPS)
	Sudan	Amel Center for Treatment and Rehabilitation of Victims of Torture (ACTRVT)

1부

고문피해자의
목소리

고문피해자의 목소리에 귀를 기울이는 것은, 고문 후 겪는 재판 과정이 이들에게 무엇을 의미하는지 보여주는 가장 효과적인 방법이다. 이 보고서는 사법절차에 참여했거나 참여를 고려한 적이 있는 필리핀, 터키, 베네수엘라, 알바니아, 콩고민주공화국 출신의 고문피해자 다섯 명의 이야기를 각 개인들 관점에서 담았다. 각 이야기들은 가해자 처벌, 정당한 배상을 위한 노력을 단념하게 했던 장애물과, 이를 극복하는 데 도움을 주었던 중재와 개입을 보여준다. 더불어 고문생존자들이 사법적 정의를 실현하는 과정에서 경험하였던 기대감, 긍정적인 성과, 그리고 외상적 경험을 드러낸다.

필리핀의 랜디 이야기

연행되어 눈이 가려진 채로 두들겨 맞고, 칼에 찔렸다. 27세의 랜디는 필리핀 공산주의 무장단체에 가입했다는 혐의로 고문을 당했고, 아직까지도 그 고문의 기억을 극복하기 위해 애쓰고 있다. 여러 지원의 도움으로 랜디는 자신의 분노와 복수심을 극복했다. 그리고 이제, 가해자들을 법적으로 처벌할 수 있는 방안을 찾고 있다.

"정의를 찾고 싶어요. 소송 중에 도움을 받아 나를 고문한 사람들을 찾을 수 있었어요. 그 사람들이 언젠가 반드시 처벌받기를 바랍니다."

자신을 고문했던 가해자의 처벌을 확인하고자 하는 사람은 랜디만이 아니다. 실제로 고문피해자들이 자신의 사건을 법원으로 가지고 갈 때 가장 바라는 것은 가해자의 처벌을 두 눈으로 직접 확인하는 것이다.

랜디는 여전히 2010년 4월 겪었던 그 고문을 극복하는 중이다. 필리핀 공산당의 무장단체인 New People's Army(이하 NPA)의 일원이라는 혐의로 군인들에게 체포되었다. 체포 당시 랜디는 필리핀 북쪽 자신의 집에 있었다.

두 명의 군인이 랜디를 집 밖으로 끌고 나와 마구 때리기 시작했다. 그리고 가족들이 지켜보는 앞에서, 랜디의 엉덩이를 대검으로 찔러댔다. 이후, 랜디는 눈이 가려진 채로 밴 뒷칸에 내던져졌다. 차는 어느 군 부대로 이동했고 랜디는 그 곳에 구속되어 물고문과 전기고문을 당했다. "그 고통은 말로 다 표현할 수가 없어요." 랜디는 말한다. "마치 내 몸이 폭발할 것 같은 느낌이었습니다. 제발 멈춰달라고 빌었지만 그들은 듣지 않았어요."

"나를 죽이는 대신 고문을 했습니다. 이후 경찰서로 이송되었고 그곳에서 NPA의 일원이라는 자백서에 서명하도록 강요당했습니다."

그러던 중 필리핀 내 고문피해자 재활센터인 BALAY와 Medical Action Group(이하 MAG)의 직원이 랜디를 찾아왔다. 그들은 국가가 랜디의 인권을 어떻게 침해했는지 설명해주었다. 처음에 랜디는 재판을 원하지 않았다. 재활센터의 경험에 따르면 피해자들은 자신의 정당한 권리와 법적 절차에 대해 잘 알지 못하였고, 보복에 대한 두려움 때문에 사법적 정의 실현을 주저한다고 한다.

"처음엔 복수하고 싶었어요. 심지어 실제로 NPA에 가입하여 나를 고문한 사람들을 찾아내, 그들이 나에게 한 짓을 갚아줄 생각까지 했었습니다."

하지만 BALAY와 MAG의 보호를 받으며, 랜디의 복수심은 잦아들었고, 소송을 제기하기에 이르렀다. 랜디의 보석금이 지불되었고 그는 안전한 장소로 옮겨졌다.

"감옥에 있는 나를 찾아온 전문가들은 나와 다른 고문생존자들에게 법적 절차가 어떤 긍정적 의미가 있는지 이해하도록 도와주었어요. 나를 고문했던 군인을 상대로 소송을 준비하는 것은 회복에 정말 중요한 과정이었어요. 나 스스로뿐 아니라, 다른 피해자들을 위해서라도 소송을 제기해야 할 필요성을 느꼈습니다."

사법절차는 외상을 야기하기도 한다. 고문생존자는 그들의 경험을 다른 환경에서 다시 떠올려야 할 뿐 아니라, 그들을 대하는 재판부의 태도가 대부분 부정적이라고 느끼기 때문이다. 랜디 역시 재판과정을 거치면서 이러한 점을 알아차렸다. "고문 사건들은 아직도 내 마음 속에 생생합니다. 저는 그것을 잊을 수 없고, 세세한 부분까지 다 기억할 수 있어요."

2011년, 랜디가 제기한 고문사건의 상당한 근거를 발견한 검사는 군인 두 명에 대해 체포영장을 청구하였다. 그러나 구속영장이 발부되는 시점에서 두 명의 군인은 다른 부대로 전출되었다. 그런 식으로 그 군인들의 전출은 몇 차례 더 있었다.

그러던 중 2012년에 랜디가 피고인으로 고소된 형사소송의 판결이 내려졌다. 랜디에게 3년 6개월의 징역형이 선고되었다. 재판부는 군인들의 증언을 받아들였고, 랜디가 정당한 군사작전의 일환으로 체포되었다고 판단한 것이다. 랜디와 친척들의 증언은 신뢰성이 부족하고 일관성이 없다고 여겨졌다. 랜디의 변호사는 즉시 유죄판결에 대해 항소하였으며 항소는 아직 계류 중이다.

반면, 랜디가 군대를 상대로 제기한 소송은 현재 진전이 없는 상태이다. 2011년, 법원이 두 군인에 대해 체포영장을 발부했음에도 불구하고 그들은 아직 잡히지 않았다.

"고문 관련 사건이 어떤 명확한 결과를 거두지 못했다는 점에서 여전히 정의는 실현되지 않았다고 봅니다. 나를 고문했던 군인들은 아직도 처벌받지 않았어요. 납득할 수가 없습니다. 이 사건의 진전에 제한이 많고, 소송 진행 또한 너무 느립니다."

고문피해자의 기대

IRCT 회원센터들의 경험에 의하면, 대다수의 고문피해자들은 소송제기를 완전한 재활과 배상을 얻기 위한 중요한 첫 단계로 여기면서 이에 임한다.

그들의 이야기에서 드러나듯, 정의실현으로 무엇을 얻게 될 것인가에 대한 고문피해자의 구체적인 기대는 다양하다. 보고서에 참여한 IRCT 회원센터들의 경험을 통해, 사법절차에 참여했던 고문피해자들이 가장 우선적으로 기대하는 것들을 순서대로 정리하였다. 그들의 기대는 다음과 같다.

- 가해자 처벌
- 피해자로서 진실을 증언할 기회
- 피해자 상황에 대한 공적인 인정
- 가해자 공개
- 금전적 보상
- 법정에서의 피해자 안전

랜디의 사례에서처럼, 피해자가 가해자의 처벌을 직접 확인하는 것은 무척 중요하다. 가해자 처벌은 피해자의 정신건강에 필수적인 안전감에 영향을 미치기 때문이다. 선행연구에 따르면, 피해자가 안전하다고 느낄 때 외상후 스트레스 장애(PTSD)와 우울증의 발병률이 낮다고 한다. 또한 가해자를 사회에서 추방하고 재발방지를 보장한다는 점에서, 피해자들은 법정에서 가해자들에게 처벌이 선고되기를 기대한다.

벨리 사실릭(Veil Sacilik)의 경우처럼, 재판과정은 피해자가 겪었던 고통을 이야기하고 표현할 수 있는 기회를 제공하기도 한다. 무엇보다도 고문으로 인한 피해를 공개적으로 인정받는다는 점이 상당히 의미 있다. 법정에서 공개적으로 발언하는 경험은 피해자의 자존감 회복에 큰 도움이 되며 이는 재활과정에 필수적이다.

금전적 보상은 어떤 부당한 일을 당했다는 인정의 의미를 가지기에, 많은 고문피해자들에게 재판에 참여하도록 동기를 부여하는 중요한 요소이다. 뿐만 아니라 벨리 사실릭의 경우처럼 생존자의 상당수가 고문으로 인해 신체적, 정신적 건강과 함께 경제적 상태의 심각한 악화를 경험한다. 때문에 대다수의 고문생존자는 재판부가 그들이 겪은 고문피해에 대해 금전적 보상을 해주기를 기대한다.

터키의 벨리 이야기

자신의 법적 권리를 이해할 수 있게 한 심리사회적 지원에 힘입어, 벨리 사실릭 사건은 복잡하게 진전과 퇴보를 반복하다가 마침내 유럽인권재판소에 도달할 수 있었다.

벨리는 항상 재판의 좋은 결과를 기대했다. 그는 오른 팔을 잃었고, 신체적 손상이 명백했다.

벨리의 이야기는 2000년 7월부터 시작한다. 터키 남서부의 부르두르(Burdur) 감옥에서 군인 415명이 교도소장의 요청에 따라 이른바 '내부폭동'을 진압하기 위해 최루탄을 쏘고 불도저로 감옥을 부쉈다.

벨리는 당시 감옥에 있던 재소자 60명 중 한 사람으로, 스스로를 보호해야만 했다. 벨리가 피하려는데 불도저가 그의 뒤편에 있는 벽을 밀어버렸다.

"구멍을 통해 보았어요. 밖에서 불도저가 벽을 부수고 있었습니다. 나는 공격을 멈추라고, 재소자들을 이런 식으로 취급하지 말라고 소리쳤어요. 그 순간 내 오른쪽 팔이 뜯겨 나갔습니다."

벨리는 이내 보안대로 끌려가 두들겨 맞았고 물과 음식을 박탈당했다. 사고 후 몇 시간이 지나서야 비로소 그는 병원으로 이송되어

치료를 받았으나 그의 팔은 구해지지 못했다.

벨리는 터키인권재단(Human Rights Foundation of Turkey, 이하 HRFT)을 찾아갔고 전문가들은 그가 가진 법적 권리와 사법적 정의를 실현하기 위해 거쳐야 하는 절차에 대해 설명해 주었다.

길고 긴 법적 절차에도 단념하지 않고 벨리와 다른 재소자들은 보안대원들을 상대로 형사고소를 제기했다. 또한 벨리는 잃어버린 팔에 대해서도 국가를 상대로 손해배상을 청구하였다.

벨리의 부상을 야기한 공격과 관련해 터키 당국의 어느 누구도 기소되지 않았다. 그러나 벨리와 다른 재소자들은 정의를 향한 투쟁을 계속하였다. 터키보안대원들의 행위는 유럽인권협약 제3조를 위반한 국가의 위법행위이고, 터키정부가 그 가해자들의 혐의를 적절히 수사하지 않았다고 주장하며 유럽인권재판소에 소송을 제기했다.

그 후 2005년 3월, 터키법원은 벨리의 손해배상 청구에 대해 법무부와 내무부가 벨리에게 14만 유로를 배상할 것을 판결했다.

금전적 보상을 받는 것은 고문피해자들이 재판을 하면서 기대하는 것 중 하나이다. 벨리의 경우, 국가의 책임을 증명하기 위해서라도 보상을 받는 것이 특히 중요했다.

"하지만 그 뒤 정부는 이 판결에 반대하는 캠페인을 시작했어요." 하급법원 판결에 따라 보상금이 지급되었지만 터키행정부는 항소했고, 결국 2008년 상급법원에서 보상금지급을 무효화하는 판결이 나왔다. 벨리는 보상금을 반환해야 했다.

그러던 중 2011년 7월, 유럽인권재판소는 밸리가 터키정부를 상대로 제기한 소송에서, 정부가 "큰 문제가 없고 폭동을 일으키지 않은" 재소자들에게 "조직적이고 과도하며 정당하지 않은 폭력"을 가한 것은 유럽인권보호조약 제3조를 위반했다고 판결하였다.

HRFT의 지원은 복잡하고 긴 재판과정 내내 무엇보다도 중요했다. 밸리는 다음과 같이 말한다. "사건 이후로 다시 괜찮다고 느끼기까지 정말 많은 노력이 필요했어요. 재판은 여전히 진행 중이고 나는 계속 그 사건을 떠올리고 있습니다."

"재활센터의 도움을 받아 나는 말할 수 있는 기회를 가질 수 있었어요. 재활할 기회를 갖고 싶었고 지금 그 도움을 받고 있습니다."

고문피해자들의 정의 실현을 단념하게 하는 요인들

이 보고서에 참여한 고문피해자의 상당수가, 초기에 사법절차를 단념하게 하는 여러 이유들이 있었다고 말한다. 그 중 가장 많은 이유는 보복에 대한 두려움이었다.

피해자 자신과 가족에게 가해지는 직접적인 위협과 협박, 또는 가해자를 고소하면서 역으로 맞고소 당할 가능성 등에 대한 두려움이다.

재활센터에 따르면, 법적 절차를 꺼리게 하는 또 다른 요인들은 다음과 같다.

- 안전에 대한 두려움을 포함해 보복에 대한 두려움

- 사법 체계에 대한 불신

- 재판과정에서 겪을 재외상화에 대한 두려움

- 법적 권리나 재판절차에 대한 인식과 지식 부족

- 재판이나 소송절차에 소요되는 긴 기간

- 공동체와 가족들로부터 낙인찍힐 수 있다는 두려움

- 재판절차에 필요한 비용

사례 3. 사법적 정의를 실현하고자 했던 14년

베네수엘라의 호세 이야기

2000년 3월 1일, 호세는 마라카이보에 있는 자신의 집에서 무장 경찰에 의해 강제로 연행되었다. 경찰은 당시 실종된 의료인의 소재를 밝히지 않으면 죽이겠다고 협박하면서 호세를 때리고 전기고문을 했다. 이 사건 이후, 느리게 진행되는 소송절차를 극복하고 정의를 실현하기 위해 여러 해 동안의 지원이 필요했다.

호세는 당시 언론에 대대적으로 보도된 그 의료인에 대해 들어본 적은 있었지만 그의 실종과는 아무런 관계가 없었다. 그러나 경찰은 목적지를 알리지 않은 채 호세를 연행했고 11일 동안 구금하였다.

구금 중 받은 고문은 호세에게 심각한 정신적, 신체적 손상을 남겼다. 그는 가족, 친구들과의 관계에서 어려움을 겪었고, 2년 동안 팔을 움직일 때마다 통증에 시달렸다.

고문으로 인한 상처 때문에, 처음에는 법적 소송을 생각하지도 못했다. 그는 고문사건 이후 국가기관, 특히 사법체계와 형사법원에 의해 더욱 큰 피해를 당했다고 주장했다.

"법에는 고문이나 기타 가혹행위 피해자를 보호해야 할 국가의 의무가 명시되어 있지만 검찰은 어떤 형태의 지원도 제공한 적이 없습니다. 나와 가족들은 신변에 대한 위협을 받았을 뿐입니다."

호세는 적절한 심리사회적, 법률적 지원에도 불구하고, 보복에 대한 두려움으로 인해 법적 절차를 아예 단념하려고 했다. 그러나 지역 재활센터인 Red de Apoyo의 재활적, 법적 지원으로 호세의 사건은 14년 동안 법정 투쟁을 지속해오고 있다.

"우리나라 형사소송법은 재판절차가 신속하게 진행되어야 한다고 규정하고 있어요. 소송이 제기되면 바로 재판으로 넘어가야 합니다. 하지만 내 사건은 정반대였어요."

Red de Apoyo의 지원에도 불구하고 호세는 느린 재판 진행 때문에 좌절감을 느꼈다. 지나치게 긴 법적 절차는 피해자가 소송을 시도할 때 가장 주된 방해요인이다.

"그들은 훌륭한 법적 지원을 해주었어요. 또한 초기에는 신체적, 심리적 회복을 위해 다양한 방법으로 정서적 지원을 해주었습니다. 이 힘이 소송을 포기하지 않도록 하였어요."

이러한 지원은 호세가 정의에 대한 신념을 갖도록 도왔다. 이 신념이 없었다면 호세는 도중에 포기했거나 애초에 시작할 수도 없었을 것이다.

사건 이후 호세는 가해자 사면에 반대하여 끊임없이 싸워왔다. "나는 이처럼 잔인하고, 비인간적이고, 굴욕적인 처우가 이 나라에서 다시는 발생하지 않도록 이 소송을 지속하고 있습니다."

현재 호세는 Universidad Experimental de la Seguridad(UNES)에서 일한다. 이 대학에서 경찰을 대상으로, 고문이 야기하는 피해와 고문방지에 관한 입법에 대하여 교육하고 있다.

"재판이 끝나는 날은, 정의가 실현되는 것을 두 눈으로 보는, 매우 중요한 날이 될 것입니다." 호세의 이 한마디에는 재판을 시작한 고문피해자들의 가장 큰 기대가 담겨 있다. "설혹 판결이 좋지 않더라도 나는 계속해서 투쟁할 것입니다. 왜냐하면, 베네수엘라에는 과거에 극악한 인권침해가 존재했고 지금도 여전히 일어나고 있기 때문입니다."

호세의 사례가 보여주듯, 지나치게 더디고 그 자체가 훼손된 사법체계는 많은 피해자들에게 불신을 심어주어 그들을 침묵하게 만든다. 결과적으로 가해자들은 처벌받지 않고, 고문이 용인되며, 고문에 대한 사면이 만연해진다. 37개의 IRCT 회원센터들의 보고에 의하면, 보복에 대한 두려움과 사법체계에 대한 불신이 고문피해자들에게 법적 소송을 단념케 하는 가장 큰 두 가지 이유라고 한다.

많은 고문피해자 재활센터들은 피해자들이 자국 내 사법부의 독립성에 대해 회의적이라고 지적한다. 이러한 경우, 피해자들은 공정함과 독립성이 결여된, 부패한 사법체계나 경찰시스템을 직면할 때 정의실현을 위한 그들의 소송이 패배할 것이라 예상하게 된다.

이러한 점은 사법절차에 대한 정보 부족, 값비싼 재판비용, 재판과정에서의 재외상화에 대한 두려움 등과 함께 가해자 사면에 기여하는 또 하나의 요인이 되기도 한다.

이 점은 가톨릭 사제 돔(Dom)의 사례에서 명백하게 드러난다.

사례 4. 재외상화에 대한 두려움과 사법체계에 대한 불신이 재판을 단념시키다

알바니아의 돔 이야기

재외상화에 대한 두려움과 사법절차에 대한 불신은 소송제기를 고려하려는 고문피해자에게 영향을 미친다. 가톨릭 사제인 돔은 정치범들에게 발언의 기회를 주는 데 진전을 보이지 않는 알바니아 법원의 태도 때문에, 법적 절차에 대해 확신하기 어려웠다.

현재 73세인 돔이 24세였을 때 알바니아 군대는 전국에 걸쳐 종교박해에 들어갔다. 그는 1945년부터 1991년까지 지속된 엔버 혹자(Enver Hoxha)의 독재정권 하에서 종교적 신념을 이유로 체포되었다. 당시 정권은 지배정당에 위협이 된다고 생각되는 이들을 표적으로 삼아 박해했다.

"내 유일한 죄는 신을 믿는다는 것이었습니다. 나는 푸카(Puka)라는 작은 마을에 살고 있었고 기도에서 삶을 살아가는 힘을 얻었어요. 이것이 정부에 대항하는 음모를 세우려는 시도로 여겨졌고 곧 체포되었습니다."

고문을 동반한 몇 달 동안의 심문은 그에게 장애를 남겼다.

"일상적인 구타로 인해 곧 몸이 허약해졌어요. 매일 토했고 굶주렸습니다. 우울감이 찾아오고 몸이 아팠지만 치료를 받을 수 없었어요. 1970년에 스파치(Spaci) 감옥으로 옮겨졌을 때는 상황이 더 나빠졌습니다."

많은 정치범들이 광산으로 보내졌다. 그곳은 어둡고 비좁으며 위생상태가 열악했기 때문에 수감자들이 폐렴과 같은 심각한 질병에 걸릴 위험이 컸다. "그 광산에서 죽은 많은 재소자들을 알고 있어요. 나는 지금까지도 악몽을 꿉니다."

돔은 1990년대 초에 석방된 후 외상과 고문피해자를 위한 알바니아 재활센터(Albanian Rehabilitation Centre for Trauma and Torture Victims, 이하 ARCT)로 의뢰되었다. 소송을 제기하는 것은 당시 우선순위가 아니었다. 돔은 재판과정에서 겪을지도 모르는 재외상화가 두려웠다. 이 보고서에 참여한 IRCT 회원센터들은, 재외상화에 대한 두려움이 고문피해자가 정의를 실현하지 못하게 막는 가장 흔한 요인이라고 강조한다.

"나를 돕기 위해 뭘 할 수 있었겠습니까? 감옥이 제 삶의 전부였어요. 단지 나를 이해해주고 대화할 사람, 나를 과거로부터 떠날 수 있도록 도와주는 누군가가 있는 조용한 곳이 필요했을 뿐입니다."

"이 재활센터가 이제 내 성당이에요. 나는 여기에 와서 사람들을 만납니다. 이곳은 내게 의료적인 도움을 주고, 또 이야기를 나눌 기회를 주었어요. 이들을 만나게 된 것은 축복이에요. 하지만 국가는 우리에게 아무것도 지원하지 않았습니다."

고문가해자가 기소된 재판 등에서 고문의 책임을 묻는 판결은 생존자의 재활에 큰 도움을 준다. 하지만 사법체계를 신뢰하지 못하는 상태에서, 보복이나 재외상화가 발생하지 않을 것이라는 보장이 없으므로 피해자는 법적 절차를 선택하지 못한다.

돔은 지금도 사법절차를 생각하지 않고 있다.

"나는 늙고 병든 데다가 고문을 당한 뒤로 너무 많은 시간이 흘렀어요. 정치범 중 누구에게도 정의가 실현된 적은 없었습니다. 우리는 여전히 '전직 정치범'이라는 꼬리표를 단 채 지금도 박해받고 있어요.

우리는 다른 계층으로 취급되는 것 같아요. 이런 상황에서 우리가 어떻게 공정한 재판을 기대할 수 있겠습니까? 관료주의가 판을 치고 있습니다. 사법체계가 있지만 재판은 너무 느립니다. 아마 내가 죽고 나서야 판결이 나올 겁니다.

내가 할 수 있는 건, 이 잔혹한 행위를 다른 사람들에게 알리고, 나의 재활에 대한 이야기를 나누며 또 그것이 얼마나 필요했는지를 이야기하는 것입니다. 그리고 이러한 박해나 고문이 다시는 일어나지 않기를 소망하는 것… 그것뿐입니다."

재판의 외상적 측면

재판과정에 참여하는 것은, 사실의 확인과 문서 작업(피해자는 모든 의학적, 심리적 평가를 포함해 고문사실의 증거를 제출하도록 요구받음)에서 출발하여 재판과 집행에 이르는 그 모든 단계에서 고문피해자에게 강력한 외상적인 경험이 될 수 있다.

이 보고서의 여러 사례에서 드러나고, 재판에 참여하는 고문피해자들을 직접 지원하는 재활센터들이 확인한 것처럼, 재판과정이 피해자에게 극도로 외상적일 수밖에 없는 여러 이유가 있는데 그것들은 다음과 같다.

- 법원절차는 피고인(가해자)에게 더 우호적인 것처럼 보이거나 혹은 실제로 우호적일 수 있다. 반대신문은 진실에 대한 선택적 제출과 공격적 신문을 허용함으로써 특히 외상적일 수 있다.
- 피해자들의 요구사항에 대한 재판부의 이해가 부족하다.
- 재판과정에서 피해자의 안전보장이 충분하지 않다.
- 재판은 장기적으로 진행되는 경우가 잦아, 좌절감과 환멸을 야기한다.
- 피해자들이 사법절차나 법률용어를 잘 이해하지 못할 수 있다.
- 피해자들이 직접 발언하는 역할은 최소한에 그칠 뿐이다.

- 가해자에게 선고되는 낮은 형량이나 무죄판결, 불만족스러운 배상금 등 재판의 결과가 불만족스럽다.

인내를 가지고 계속 재판을 지속하기로 결정한 피해자들도 재외 상황를 겪는 경우가 있는데, 이는 소송에 관련된 모든 당사자들의 권리가 어떻게 옹호될 필요가 있는지에 대한 이해의 부족에서 기인하기도 한다. 무죄추정의 원칙, 고소인을 직접 대면할 권리, 증거채택에 관한 엄격한 원칙, 유죄인정 및 반대신문 등 복잡한 법적 절차와 피고인 권리에 대해 피해자에게 충분히 설명되지 않았을 수 있다. 결과적으로 피해자는 불공정함과 불만족감, 그리고 그들이 제공한 증거의 타당성이 의심받는다는 느낌을 받을 수 있다.

법률 전문가와 법원 공무원들이, 증언을 하는 고문피해자들이나 그 가족들에 대해 전혀 이해하지 못하고 배려하지 않는 경우가 허다하다. 특별한 지지를 필요로 하는 피해자들의 어려움에 대해, 법정은 무감각하거나 무지하다는 인상을 주곤 한다.

특히 법원의 역할이 피해자나 증인을 보호하는 것이며 이들을 적절히 지원할 수 있는 자원과 이해를 법원이 가지고 있을 것이라고 기대했던 피해자들은 이런 법원의 몰이해를 더욱 심각하게 느끼게 된다.

콩고민주공화국의 캐더린 이야기

2014년 3월 캐더린의 딸이 강간당했을 당시, 캐더린은 그 사건의 조사를 위해 경찰에게 의지할 수 있으리라고 생각했다. 그러나 고소에 대한 보복으로 오히려 캐더린은 구타와 협박을 당했고, 남편의 체포를 지켜봐야 했다. 알고 보니 강간범은 바로 경찰관이었던 것이다. 그녀는 처음에 소송을 포기했지만 심리사회적 지원의 도움으로 사법적 정의를 실현하기로 다시 결정했다.

경찰에게 당한 경험은 범인을 고소하려는 캐더린의 의지를 꺾었다. 고문피해자들에게 소송을 단념하게 만드는 주된 요인인 '보복'이 이 사건을 중단시켰다. 결과적으로, 고소당한 경찰관은 증거부족으로 무죄를 선고받았다.

단지 안전 위협의 문제 때문에 캐더린이 소송을 포기한 것은 아니었다. 그녀의 남편은 두 달 동안 감옥에 수감되면서 직장을 잃었다. 이러한 경제적, 외상적 요인들은 캐더린의 소송제기를 더 어렵게 만들었다.

재외상화에 대한 두려움과 함께 캐더린은 더 이상 경찰에 대한 믿음을 가질 수 없었다. 사법체계에 대한 좌절감과 가해자를 마주해야 하는 두려움은 고문피해자가 소송을 하지 못하게 막는 대표적인 두 가지 요인이다.

캐더린은 딸을 강간한 가해자로부터의 보상과 강간범에 대한 유죄선고를 기대했는데, 이는 많은 고문피해자들이 사법적 정의를 실현하고자 하는 주된 동기이기도 하다.

안전상의 위협 때문에 이 두 가지 기대 중 어느 하나도 이루어지지 않았다. 그러나 콩고민주공화국의 IRCT 회원센터인 SAVE CONGO에서 제공한 심리사회적 지원 덕에 캐더린과 그녀의 남편, 딸은 사건 이후 겪은 외상을 받아들일 수 있는 힘을 얻었고 첫 공판을 잘 치렀다.

"SAVE CONGO의 심리적 지원으로 위로를 받았어요. 그렇지만 가해자로부터 어떠한 보상도 받지 못했기 때문에 만족하지는 못합니다."

"가난한 고문생존자에게, 의료와 재판에 드는 비용은 재활이나 소송을 단념하게 만드는 원인이에요." 캐더린의 설명은 고문생존자들이 재판을 하지 못하는 주된 이유 중 하나가 경제적 부담이라는 사실을 말해준다.

"SAVE CONGO를 통해 의사에게 치료를 받아왔고, 심리학자들은 나와 가족들을 방문하여 이전의 경험을 극복하고 재판을 준비하도록 도와주었어요. 나는 재활센터의 집단상담에도 참여하고 있습니다. 그들의 지원에 감사해요. 특히 그들이 고문피해자들을 치료할 자원이 넉넉지 않기 때문에 더욱 그렇습니다."

(한국) 재일동포 A씨 이야기

50대 후반의 재일동포 A씨는 1980년대 재일동포 신분으로 국내 유학하던 중 보안사에 연행되어 가혹한 고문조작 끝에 조총련의 지령을 받아 암약한 '간첩'으로 처벌받았다. 20여 년 만에 과거 억울한 고문조작 사건의 진실이 규명되어 재심법정에 섰다. 몇 차례 공판 중 고문피해 사실 여부를 문제 삼던 검찰 측이 당시 고문을 가한 보안사 수사관과 검찰 수사실에서 대질을 시켰다.

피해자는 고문피해 사실을 분명히 입증하기 위해 20여 년 전의 '악마'와 다시 대면해야 하는 상황에서 다시 과거로 돌아가는 듯한 생생한 고통을 느꼈다. 대질신문 전 며칠 동안 그는 잠을 자지 못했다. (이 피해자는 인권의학연구소 직원과의 면담을 통해 간신히 안정을 회복하고, 변호사 입회 등 최소한의 안전장치를 마련하고 대질신문을 무사히 마쳤다.)

지난 한 세기 동안 한국은 식민지, 전쟁(내전), 친미독재정권의 장기집권 등 제3세계 국가들이 겪는 근대의 비극을 같이 겪었다. 1987년 6월 극적인 대중적 민주항쟁 이후 한국은 민주주의의 진전을 이루었다.

1990년대 중반 이후 한국정부는 한국전쟁과 과거 권위주의 정권에서 발생한 고문, 집단학살, 의문사 등 반인도적 국가범죄에 대한 진상규명과 피해자들에 대한 명예회복을 위한 조치를 취했다. 1980년 광주민중학살, 한국전쟁 시기 미군에 의한 노근리 주민학살, 각종 의문사 사건에 관한 조사에 이어 2006년 '진실화해를 위한 과거사정리위원회'가 발족하여 한 세기에 걸친 각종 반인도적 국가범죄에 관한 광범위한 조사가 2010년까지 진행되었다.

1995년경부터 2012년까지 설립된 17개 국가기구들에 의한 국가범죄에 관한 조사 결과 지난 1세기 동안 최소한 303,480명, 8,560건 이상의 국가폭력 피해가 확인되었다.

2010년경부터 이러한 국가기구의 조사결과를 바탕으로 법원의 재심이 진행되고 있다. 알려진 바와 같이 한국에서 재심은 그 요건이 매우 까다로워서 확인된 피해자 중 극히 일부만이 법원의 재심 절차를 밟고 있다.

위 재일동포 A씨 경우는 1980년대 전두환 군부독재정권에 의해 고문, 조작된 간첩사건 피해자로서 진실화해위원회의 진실규명 결정(2009)에 이어 재심절차를 밟아 무죄가 확정된 전형적인 사례이다.

A씨는 1984년 재일동포 유학생으로 국내에 입국해 의학공부를 하던 중, 군 범죄를 수사하는 국군보안사령부에 연행되어 43일간 불법 구금된 상태에서 군 수사관으로부터 전신구타, 물고문, 엘리베이터실 고문 등을 당하고 간첩혐의를 허위자백한 후 재판에 회부되어

징역 7년, 자격정지 7년형을 선고받았다.

A씨 경우와 같이 일반적으로 재심법정에서 고문피해를 입증할 책임은 전적으로 피해자에게 있다. 검찰은 피해자의 고문피해 주장을 믿을 수 없다면서 당시 보안사령부 수사관들을 증인으로 요청했다. A씨가 당시 수사관들과 대질을 앞두고 도움을 요청한 곳은 변호사가 아니었다. 재판부, 검찰뿐만 아니라 변호사조차 고문피해자 A씨가 당시 고문가해자와 직접 만날 경우 겪을 고통과 충격에 대해 충분히 고려하지 않았다.

A씨의 경우 다행히 인권의학연구소의 도움을 받았으나, 비슷한 시기 전국 곳곳에서 진행된 수많은 고문범죄 재심사건 가운데 고문가해자와의 대질과정에서 법정의 고려나 인권단체의 적절한 보호조치를 받은 사례는 거의 없다.

한편, 한국에서 재심은 고문피해자들이 국가로부터 사과와 명예회복 조치를 받을 수 있는 유일한 통로이다. A씨의 경우와 같이 이미 국가기구에 의해 과거 국가의 고문 등 불법행위를 확인받은 경우에도 재심과정에서 검찰은 여전히 고문피해 사실을 부인하고 있으며, 심지어 1심, 2심 재판부의 판결에 대해서도 명시적 반박의 근거도 없이 항소, 상고를 남용하고 있다.

요컨대, 고문 등 국가폭력 범죄에 관한 국가의 진실규명 결정에도 불구하고 재심과정에서 피해자들은 여전히 고문피해 사실을 다시금 입증해야 하는 처지에 있다. 이 과정에서 재심법정에 선 판사, 검찰, 변호인 누구도 고문피해자에 대한 보호조치를 취하지 않고 있다. 또한 재심에서 국가를 대변하는 검찰은 과거 고문조작 사건의 기소를 한 책임을 시인하지 않고 있다. 정신과 전문의 손창호 박사는 "재심과정에서 고문피해자들이 입는 재트라우마는 최초 트라우마보다 더 위험할 수 있다"고 경고하고 있다.

사례 7. 외롭지 않은 고문피해자들 – 재판동행지원 활동의 의미

(한국) 사북항쟁 피해자들의 재심법정

2005년 UN총회의 결의문, 「국제인권법의 중대한 위반행위와 국제인도법의 심각한 위반행위의 피해자 구제와 배상권리에 관한 기본원칙과 가이드라인」은 다음과 같이 권고하고 있다.

피해자는 인도성 그리고 존엄과 인권에 대한 존중에 기초하여 처우 받아야 하며, 피해자와 피해자 가족들의 안전, 신체적·심리적 안정과 사생활을 보장하는 데 필요한 조치들을 취해야 한다. 국가는 국내법이 가능한 범위 안에서 폭력이나 트라우마를 겪었던 피해자가 정의와 배상을 위한 법적, 행정적 절차에서 다시 트라우마를 겪지 않도록 특별한 고려와 배려를 하도록 규정하는 것을 확보해야 한다.(제10조)

국가폭력 피해자들의 인권실태와 인도주의적 국제규범 사이의 불일치, 혹은 괴리는 드문 일이 아니다. 한국의 경우에서도 고문피해자들은, 형식적인 진실규명과 재심-배보상 조치에도 불구하고, 여전히 부정적인 사회적 낙인과 사회적 고립에서 자유롭지 않다.

국가범죄 재심이라는 사법절차에서도 피해자들은 2차 피해를 우려하여 가족과 지인들에게조차 알리지 않고 진행되는 경우가 많고, 따라서 피해자들은 한정된 정보와 사회적 고립감 속에 텅 빈 법정으로 걸어 들어가고 있다. 이들에게 여전히 법정은 인권을 향유하고 '간첩'이라는 멍에를 벗는 명예회복의 장소가 아니라 국가권력의 압도적인 영향력과 법정의 권위주의를 재차 확인하는 침묵의 공간이 되고 만다.

1980년 4월 강원도 정선군 동원탄좌에서 노조민주화를 요구하며 투쟁한 '사북항쟁' 사건 피해자들은 당시 계엄 하에 군인과 경찰로부터 물고문, 고무호스 구타, 성고문 등 잔인한 고문을 당하고 구속, 처벌되었다. 이 사건 피해자들은 2008년 진실화해위원회의 진실규명 결정에 이어 30여 년 만에 진행된 재심과정에서도 사회적 관심이나 지원에서 배제되어 있었다. 비록 '민변'과 같은 인권변호사 집단의 지원이 있었으나 재심법정은 사회로부터 고립되었으며 가해자들과 몇몇 증인들의 진술만이 텅 빈 법정을 가로질렀다.

2014년 여름, 피해자들의 요청에 따라 김근태기념치유센터 '숨'은 재심법정에 동행지원하였다. 1980년 계엄하 군사법정에 가톨릭  원주교구 수녀들이 참여했듯이, 성가소비녀회 소속 수녀님들과 함께 재판을 방청하고 공판 전후 피해자들과 간담회를 가졌다.

인권의학연구소와 김근태기념치유센터 '숨'의 재심공판 동행지원 활동은 2009년부터 현재까지 사북항쟁 외 다수의 간첩 고문조작 사건에서도 진행되고 있다.

김근태기념치유센터는 특히, 사회적으로 주목받지 못하고 있는 고문피해 사건의 동행지원에 주력하고 있다. 재일동포 간첩조작 사건의 경우처럼 피해자들이 한국 현지에 연고가 없는 경우, 적극적인 지원을 하고 있다.

2015년 6월 국제고문피해자 지원의 날 기념행사에서 김근태기념치유센터는 재일동포 조작간첩사건 피해자단체인 '재일한국인양심수동우회'에게 수십 년 동안 피해자들을 위해 노력한 것에 대한 감

사패를 증정하였다.

오랫동안 극단적 반공주의가 횡행하고, 고문 트라우마에 대한 사회적 인식이 부재한 한국의 상황에서 재심공판 동행지원 활동은 직접적으로 진실을 옹호하고 피해자의 인권을 보호하는 활동이다. 동시에 고문방지에 관한 사회적 관심을 촉발하는 기능과 공동체 정의에 관한 사회교육적 효과도 크다. 고문외상 치유의 차원에서도 재심동행 활동의 사회적 확산을 통해 피해자 개인치유를 넘어 사회적 치유의 가능성도 기대된다.

2부

심리사회적 지원을
제공하는
재활센터의 관점

고문피해자 본인뿐 아니라 피해자를 지원하는 사람들 역시, 사법절차에 참여하는 방식이 피해자 개인과 가족, 공동체에 영향을 준다는 것을 잘 알게 되었다. IRCT 회원센터에서 활동하는 보건의료 전문가와 법률 전문가들은 이 보고서를 통해 심리사회적 지원의 사례와 가장 좋은 실행방법을 제시하고 있다. 그 중에서도 모범적 사례들을 조금 더 구체적으로 아래에 기술해 놓았다. 다른 사례들은 이 보고서의 마지막 부분에 요약했다.

> "형사소송은 고문피해자와 그 가족들에게 강렬한 신체적, 감정적 변화와 불안정을 불러일으키며 이에 대한 전문적 개입이 필요하다."
> _아르헨티나의 EATIP

이 보고서에 참여한 모든 IRCT 회원센터들은 사법절차 중에 있는 고문피해자들에게 전문적인 심리사회적 개입이 필요하다는 것에 동의한다. 사법절차가 고문피해자에게 외상적 영향을 미칠 수 있으므로, 피해자를 지원하는 재활센터는 전체 소송과정에 걸쳐 전문적인 심리사회적 지원을 제공할 수 있어야 한다. 앞서 고문피해자의 이야기에서도 나타나듯이, 재판을 하면서 피해자는 특정한 기대를 하게 되고, 고통스러운 기억을 떠올리게 되며, 원하지 않아도 가해자를 대면해야만 한다. 더불어 더 많은 이유들로 인해, 고문피해자들은 재판에 참여하는 과정에서 격한 감정에 압도되게 마련이고 소송제기로 인해 겪게 될 위협과 협박에 공포를 느끼게 된다.

재판과정이 주는 잠재적인 외상적 영향을 줄이기 위해서는 심리사회적, 법적 지원이 고문피해자와 그 가족의 구체적 요구에 적합하게 제공되어야 한다. 재판절차에 대한 정보를 제공하고 피해자의 기대수준을 효과적으로 조절하기 위하여, 심리사회적 지원은 가능한 한 변호사, 심리학자, 의사, 사회복지사 등 여러 전문가의 개입으로 이루어져야 한다.

> "심리사회적 지원이 재판 전 과정에 걸쳐 이루어질 때 재판 중 피해자의 재외상화를 가장 잘 방지할 수 있다."_콜롬비아의 AVRE 협회

초기 수사과정으로부터 판결에 이르는 소송의 전 과정은 고문피해자의 삶에 매우 강력한 영향을 미칠 수 있다. 때문에 고문피해자에게 심리사회적 지원은 소송과정 전반에 걸쳐 필요하며, 어떤 경우 여러 해 걸릴 수도 있다. 실제로 이 보고서에 참여한 대다수의 IRCT 회원센터들은 사법절차 내내 지속적인 지원이 필요하다면서 그 중에서도 특히 재판을 준비하는 단계(pre-trial phase)에서 심리사회적 지원이 필요하다고 지적한다.

• 재판 전 : 심리사회적 지원이 제공되지 않는다면 고문피해자는 사법절차를 시작하지도 않을 수 있기에, 이 시기의 지원은 매우 중요하다. 피해자들이 패소를 예상하거나 재판절차에 대해 잘 알지 못하기 때문이다. 사법절차를 밟기로 결정하면서 피해자들은 재판에 대한 기대를 조절하고, 스스로의 권리를 인식하며, 재판을 준비하는 데에 도움이 필요하다. 특히 고문이 최근에 발생하여 외상의 고통이 급성인 경우, 재판 전 단계에서의 지원은 필수적이다. 보건의료 전문가, 법률 전문가 모두의 지원이 필요하다.
• 재판 중 : 재판 자체가 피해자 본인과 그 가족에게 큰 스트레스

이며 부가적인 심리적 부담을 주므로 심리사회적 지원은 이 단계에서도 매우 중요하다. 주로 피해자와 가족이 법정에서 증언을 해야할 때 가장 큰 충격이 발생한다. 법정에서의 심문과 비난, 기소된 가해자와의 대면이 두려움을 극도로 유발한다. 재판에서 받은 외상은 고문피해자가 구속되어 있는 경우 더욱 극대화될 수 있다. 또한, 재판과정이 매우 느리게 진행되는 것에서 느끼는 절망과 좌절감을 다루는 데도 심리사회적 지원이 필요하다. 고문피해자가 소송제기로 인해 사회와 가족으로부터 비난받을 것을 두려워하는 경우, 지원은 더욱 중요하다.

· 재판 후 : 소송의 결과에 따라 심리사회적 지원이 매우 중요하다는 것은, 고문피해자들과 함께하는 전문가들 사이에 널리 알려져 있다. 예를 들어 법원의 판결이 피해자의 기대에 미치지 못하는 경우 좌절감과 불안감을 유발하며 결국 피해자의 외상을 더 악화시킬 수 있다. 이러한 경우에는 재판 후 지속적인 심리사회적 지원을 제공하는 것이 매우 중요하다.

심리사회적 지원을 제공한 재활센터들의 좋은 사례

이 보고서에 참여한 재활센터들은, 사법절차 중에 있는 고문피해자에게 심리사회적 지원을 제공할 때 가장 좋은 사례로 다음을 제안하였다.

1. 사법절차를 밟는 고문피해자를 위해 전문화된 심리사회적 지원방법을 개발한다

많은 IRCT 회원센터들은, 재판과정에서 고문피해자들이 재외상화를 경험할 수 있으므로 피해자들의 요구에 맞는 지원이 필요하다고 지적한다. 예를 들어 전문화된 심리사회적 지원과 접근이 재판기간 동안 제공된다면, 고문피해자 재활을 위한 치료적 효과가 높아지며 재판 중 갖게 되는 심리사회적 부담을 극복하는 데 도움을 준다. 다음의 두 사례 연구는 전문화된 심리사회적 지원이 어떻게 고문피해자 개인적 요구에 맞춰 제공될 수 있는지를 보여준다.

필리핀 BALAY 센터는 심리-법적 지원의 중요성을 설명한다

심리·법적 개입은 두 가지 목적을 가진다. 첫째는 가해자에 대항하여 소송을 지속할 수 있도록 피해자의 의지를 강화하는 것이다. 둘째는 피해자들의 소송내용에서 치료적 측면이 더 강조되도록 하는 것이다.

소송은 그 방법이나 결과가 지니는 치료적 가치와, 판결로서 법률적인 가치가 있다. 심리상담을 통해 내담자는 소송의 가능한 결과를 이해하게 되고, 치료적 방식으로 불안과 공포를 직면할 수 있도록 한다.

BALAY 센터는 피해자가 사법절차를 충분히 이해할 수 있도록, 전문용어를 단순하고 명확하게 전달한다. 중요한 점은 소송과 관련된 모든 법적, 개인적 쟁점들은 심리사회적 지원을 통해 다뤄져야 하며 이러한 지원은 상담에 한정되어서는 안 된다는 것이다. 피해자의 안전이 위협받을 때 피난처를 제공하고, 소송과정의 다음 단계로 넘어갈 때 정보를 제공하는 것 등이 모두 심리사회적 지원에 포함된다.

피해자 가족에 대한 지원 또한 중요하다. 이는 가족들이 피해자의 재판에 대해 잘 이해하도록 도움을 주어 피해자를 더 잘 지지할 수 있도록 한다.

센터에서 활동하는 직원의 전문성과 이해 정도가 피해자를 압도하고 있는 현재의 상황을 적절히 도울 수 없는 상황이라면 피해자는 보복이나 재외상화에 대한 두려움으로 소송을 포기할 확률이 높다.

케냐 IMLU 재활부서는 재판과정 동안 심리사회적 지원팀의 역할을 설명한다

IMLU는 현재, 집단치료와 개인치료의 두 가지 형태로 심리사회적 지원을 제공한다. 개인치료에서 내담자는 전문상담자와 6회에 걸쳐 개인상담을 한다. 필요한 경우 상담횟수가 늘어나기도 한다.

만약 내담자들이 비슷한 사안과 상황을 가지고 있다면 IMLU는 10회기의 집단치료를 제공한다. 예를 들어, 최근 IMLU는 시국사건 관련 고문생존자들(남편이 경찰에 의해 살해된 여성모임)이 참여하는 집단치료를 진행한 바 있다. 앞으로 고문으로 인해 장애를 입은 피해자의 집단상담 또한 제공할 예정이다.

심리사회적 지원은 내담자가 고문경험으로부터 심리적으로 치유되고, 각자의 삶을 다시 살아갈 수 있도록 힘을 갖게 하는 데 목표를 둔다.

보통 심리상담의 목표는 단계에 따라 세 가지로 나누어진다. 상담 초기에는 안전을 확보하고 심리교육을 제공하는 데 초점을 맞춘다. 심리교육은 고문 이후 공통적으로 나타나는 심리적, 행동적, 신체적, 영적 증상들을 설명하고 이를 통해 불안, 우울 같은 증상을 어떻게 다루는지 알게 한다.

다음의 두 단계에서는 내담자가 자신이 당한 고문에 대한 이야기를 풀어낼 수 있도록 돕고, 이어서 삶을 재정립해 스스로 치유할 힘을 기르는 데 중점을 둔다.

삶을 재정립하는 이 단계에 가해자에 대한 법적 처벌도 가능하다. 케냐에서 재판은 여러 해가 걸릴 수 있으므로, 초기 단계에서 심리사회적 지원을 제공하는 것은 피해자가 앞으로 일어날 상황에 대처하도록 준비하는 데 매우 중요하다. 때로 재판과정 중이나 재판 결과에 따라 지속적인 추가지원이 필요할 수 있다.

IMLU는 최근 케냐 퇴역 공군 9명을 대상으로 심리사회적 지원을 시행했다. 이들은 1982년의 쿠데타 실패 이후 구금, 투옥되어 고문을 당했다.

오랜 세월 억눌러온 수치심과 사회로부터 받아온 낙인을 극복하면서 이들은 마침내 힘을 얻어 세상에 자신들의 이야기를 알리기로 결심했다.

상담 초기에 이들은 노동재판소에서 부당해고와 가혹행위에 대해 정부를 상대로 민사소송 중에 있었다.

집단상담 참여자들 대부분은 1982년 쿠데타 실패 이후 자신들이 경험했던 고문에 대해 단 한 번도 얘기해본 적이 없었고, 치료에 참여하기를 매우 망설였다. 안전감의 확보를 위해 IMLU 상담가들은 참여자들에게 고문이 미치는 영향을 교육하고 현재 그들이 느끼는 감정과 경험들이 정상임을 알렸다. 이 과정을 거친 후 참여자들은 서로를 그리고 상담가들을 신뢰하기 시작했고 외상을 다룰 준비를 할 수 있었다.

집단치료의 마지막 부분에서, 더 이상 지니고 싶지 않은 감정이나 삶의 어느 부분이라도 떠나보낼 수 있도록 도왔다. 참여자들은 가해자에게 편지를 쓰고 그 편지를 태우면서 떠나보내는 의식을 하였다. 그때 참여자들은 스스로 자신들의 삶을 재정립할 수 있는 힘이 생기는 것을 느꼈다.

이후 그들은 단체를 만들어 1982년 쿠데타 실패 후 고문당했던 다른 피해자들이 새로운 삶을 살아갈 수 있도록 돕고 있다. IMLU는 이들이 다른 고문생존자를 도울 수 있도록 하기 위해 동료상담 훈련(peer counseling training)을 제공할 예정이다.

필리핀의 Balay 센터, 크로아티아의 Zagreb 재활센터 등 다수의 IRCT 회원센터들은 사법절차 중의 고문피해자에게 제공되는 심리사회적 지원에 그들의 가족을 포함하는 것이 매우 중요하다고 강조한다. 당사자가 겪는 고문피해로 인해 가족들이 간접적으로 영향받는다는 점에서 가족 지원은 특히 중요하다. 한 예로, 부모가 고문을 당한 경우 그 자녀들에게 심리사회적 지원이 필요하다. 피해자가 사법절차 중일 때, 가족들은 법정에 동행하거나, 소송을 진행하는데 필수적인 정서적 지지를 제공한다.

심리사회적 지원에 피해자 가족을 포함시킴으로써, 고문피해자는 가족의 삶에 다시 참여할 수 있고 가족들은 피해자의 경험을 이해하고 받아들일 수 있게 되며, 특히 사회로부터 소외감을 느낀 경우 사회에 대항해 맞설 수 있게 된다.

크로아티아 **Zagreb 고문피해자재활센터는 20년 동안의 소송과정에서 어떻게 피해자 가족과 동행했는지를 설명한다**

Zagreb 센터는, 1990년대 초반 크로아티아의 세르비아 소수민족 탄압 당시 남편과 아버지를 잃었던 크로아티아 가족에게 다양한 심리사회적 지원을 제공했다.

세르비아 국적의 남편이 크로아티아 경찰에게 고문당하고 살해당한 이후 그의 아내는 시신을 확인하고 고문과 살해사건 조사를 기다려야 했다. 그러는 동안 그녀는 두려움, 정의에 대한 갈망, 사회로부터 낙인찍히는 수치심 등을 겪었다. 남편이 당한 고문을 생생히 기억하고 있었다. 당시 9세였던 그녀의 딸은 아버지의 살해뿐 아니라, 사법절차를 밟기로 결정했을 때 가족들이 받은 위협을 지켜보면서 자랐다. 20년 가까이 지났지만 여전히 사건조사는 끝나지 않았고, 가해자가 밝혀지거나 처벌되지 않았다. 가족들은 경제적 어려움에 시달리고 있으며 기본적 생활도 어려운 상황이다. 딸은 경제적 심리적 어려움으로 인하여 학업을 중단했다.

Zagreb 센터는 한 달에 한 번씩 이 가족을 방문하여 심리사회적 지원을 하였다. 홀로 남은 아내에게는 심리치료를, 딸에게는 가족치료사와의 상담과 아동복지 상태를 관찰하고 국가복지제도를 이용할 수 있게 돕는 사회복지 지원을 제공했다. 또한 의료 지원과 함께 필요한 경우 직접적인 재정지원, 재판청구에 관한 조언 등을 이 가족에게 제공하곤 했다.

Zagreb 센터는 배상청구소송의 재판에 이 아내와 동행했고, 재판결과 부정적 판결이 났을 때 위기 지원을 하였다. 이러한 다방면의 개입은 피해자 가족이 안전감을 느끼도록 하였고, 신뢰할 수 있는 전문가들의 지지를 받고 있다는 긍정적 영향을 주었다. 이러한 도움이 없었다면 그 가족은 지역사회로부터 고립된 이후 내내 외로웠을 것이다.

3. 생존자 지지그룹을 만든다

"생존자 지원 네트워크는 피해자 주변에 각각 다른 분야의 전문가, 친척, 그리고 친구들로 구성되어야 한다. 그들 간의 협력을 통해서만 피해자를 효과적으로 도울 수 있다." _몰도바의 RCTV Memoria

많은 재활센터들이 심리사회적 지원전략의 하나로 생존자 지지그룹을 만들어왔다. 이 집단은 고문생존자들과 그 가족, 친척 및 보건의료 전문가와 법률 전문가로 구성된다. 이 지지그룹을 통해 사회적 유대관계가 성장하고, 다양한 구성원들이 사회적 상호작용과 정서적 지지를 촉진하여 재판 중이거나 기나긴 재활과정에 있는 피해자에게 도움이 되도록 한다. 케냐의 MILU 재활센터는 전문화된 심리사회적 지원에 집단치료를 어떻게 포함할 수 있는지 좋은 예를 보여준다.

4. 피해자에게 법률적 지원을 제공한다 : 지원 향상을 위해 법률전문가와 재판부가 협력한다

고문피해자에게 직접적인 법률지원을 제공하고, 의뢰제도를 통해 변호사들과 협력하는 것은 사법절차 진행 중인 피해자들에게 가장 적절한 심리사회적 지원을 제공하는 데 필수적이다. Balay 센터 사례를 보면, 피해자가 사법절차를 준비할 수 있도록 보건의료, 법률

전문가가 함께하는 특별기간을 정하여 소송에 대해 논의하고, 재판
절차에 대한 정보를 제공한다.

이 보고서에 참여한 재활센터들은 사법절차 중인 고문피해자들
의 상황을 개선하는 주요 참여자로 법률 전문가를 꼽는다. 그래서
보건의료 전문가와 법률 전문가의 협력은 필수적이다. 특히, 변호사
들은 소송결과에 대한 피해자들의 기대를 조정하는 데 가장 큰 영
향을 끼칠 뿐만 아니라 피해자들이 법정에 설 준비를 잘 할 수 있
도록 가장 필요한 기술을 제공할 수 있다.

"변호사와 판사는 피해자들의 요구를 적절히 다루기 위한 부가
적 훈련이 필요하다."_캄보디아의 TPO

그럼에도 불구하고, 고문피해자들의 요구와 재판이 그들에게 미
치는 영향을 이해하는 데 필요한 전문적인 지식이 법률 전문가들에
게 부족한 경우가 많다. 검사와 판사, 변호사들에게 심리사회적 지
원에 대한 훈련을 제공하는 것은 이러한 점을 극복할 수 있는 가장
좋은 해결방안이 될 수 있다.

재판을 준비하는 피해자와 그 가족들을 돕기 위한 법률클리닉
(legal clinic)을 설립하는 것 또한 법률 전문가들과 협력할 수 있는
방법이 된다. 법률클리닉은 특화된 법률자문, 재판절차지원, 소송비
용 지원에 대한 안내, 법정동행지원 등 다양한 서비스를 제공할 수
있다.

대부분의 경우 법률클리닉은 자원활동가들의 지원활동과 무료법률상담으로 운영된다. 그들은 더 넓은 지역사회에서 고문피해자의 권리를 알리기 위한 공개토론회를 열기도 하고, 피해자에게 가해자 처벌을 위한 법절차를 밟도록 권유하여 가해자 사면반대 투쟁에 기여하기도 한다.

또한 재활센터는 재판부와 직접적으로 협력하여 재판절차에서 전문적 지식을 제공할 수 있다. 예를 들면 RCTV Memoria의 활동에서처럼, 매우 민감한 고문사건의 재판을 모니터링하거나 의료 및 심리 전문가들의 증언을 제공할 수 있다. 많은 재활센터들은 법원과 재판소가 피해자와 증인을 지원하고 보호하는 체계를 갖춰야 한다고도 강조한다.

고문피해자를 지원하는 보건의료 전문가와 법률 전문가들은 이러한 체계구축에 광범위한 전문지식을 제공함으로써 고문 등 범죄피해자들이 법정에서 재외상화를 겪지 않도록 할 수 있다.

몰도바 RCTV Memoria 가 사법절차에서 다양한 개입으로 지원한 방법

2009년 대학재학 중 크리스토퍼는 친구와 함께 체포되었다. 그는 신원미상의 사복경찰 두 명에게 연행되어 경찰서로 갔다. 경찰서에서 크리스토퍼와 친구는 격리되었지만, 크리스토퍼는 친구의 비명소리를 들었다.

잠시 후 크리스토퍼는 뒤뜰로 끌려가 구타당했다. 그는 20일

동안 두 곳의 경찰 유치장에 억류되어 각목과 주먹, 발로 온 몸과 얼굴을 가혹하게 구타당했다. 그는 2분 정도 목을 죄였고 여러 시간 동안 같은 자세로 있도록 강요되었다. 즉 두 팔을 든 채 움직이지 않고 벽에 붙어 서있을 것을 강요받았는데 움직이면 구타를 당했다.

가해자는 그에게 경찰 방패를 들게 한 후 방패를 발로 가격하여 그에게 고통과 굴욕감을 주었다. 화장실 사용이 제한되었고 24시간 이상 물을 마시지 못했으며 3일 동안 음식을 먹지 못했다. 일곱 번 이상 그는 어떠한 설명도 듣지 못한 채 시내와 교외의 다른 경찰서로 이송되었다. 이러한 가혹행위로 인해 그의 건강은 심각하게 악화되었고 결국 병원에 입원하였다.

크리스토퍼의 사건은 의료적 지원, 고문으로 인한 신체적 심리적 손상에 대한 기록, 법률자문가의 법적 검토를 위해 RCTV Memoria에 의뢰되었다.

RCTV Memoria는 형사재판 과정에서 크리스토퍼에게 법률 및 심리사회적 지원을 제공하였다. 조사기간 동안 크리스토퍼와 그의 변호사는 RCTV Memoria의 법률 자문가와 협력하였다. 첫 법원심리 후, 피고인들과 피고인 변호인단이 보이는 공격적인 언행과 압박 때문에, 사건 담당검사는 MCTV Memoria 대표에게 재판 동안 참석할 것을 요청했다.

RCTV Memoria의 개입으로 재판은 RCTV Memoria와 몰도바

인권협회, 기자들에 의해 모니터링되었다. 사건의 복잡함과 피고인과 변호인이 보인 부적절한 행동으로 이 사건은 세 명의 판사로 구성된 재판부에 의해 심의되었다. RCTV Memoria의 법률자문가는 세 번의 심리에, 심리치료자는 네 번의 재판에 참석했다. 심리치료자는 전문가로서 출석요청을 받았고 재판진행 중 크리스토퍼의 신체적 정신적 건강상태를 관찰했다.

피고인 측은 재판과정을 지연시키고자 했고 법원심리는 자주 연기되었다. 불행히도 이 사건은 2012년부터 현재까지 키시나우(몰도바공화국 수도) 항소법원에서의 심리를 기다리고 있다. 이 법원에서는 2012년부터 2014년 사이 단 13건의 사건이 심의되었다. 그동안 가해자들은 여전히 자유롭게 경찰로 근무하고 있다.

법원심리가 지연되고 정의가 부재하는 상황에 매우 실망한 크리스토퍼는 이로 인해 점점 건강이 악화되었다. 크리스토퍼와 그 가족은 가해자로부터 협박까지 받았다. 그는 최근 2년 동안 우울증과 기타 외상 증상 때문에 지속적인 심리지원을 받고 있다.

이 보고서에 참여한 IRCT 일부 회원센터는 반인도적 범죄에 대한 재판에 참여하는 피해자들을 지원한 경험이 있다. 아르헨티나의 EATIP는 과거 군부독재 시절의 피해자를 지원한 방법과 이를 위해 법원과 협력한 방법을 제공한다. 또한 캄보디아의 TPO는 크메르루즈 국제재판소(the Khmer Rouge International Tribunal)와 협력한 사례를 제공하였다.

반인도적 범죄와 관련된 재판은 피해자와 그 가족들에게 강
력한 신체적, 정서적 불안정을 야기하기 때문에 전문적인 지원이
필요하다. 독재정권에 의한 피해자집단에게 외상경험은 매우 흔
한 요소이다.

최근 여러 해 동안 EATIP는 군부독재 정권의 가해자들을 상대
로 제기된 재판에서, 고소인과 증인을 지원하는 활동에 매우 많은
노력을 기울여왔다. EATIP의 전문가들은 실종자협회(Asociacion
de Ex Detenidos Desaparecidos, 이하 AEDD)와 함께 지원과 상담,
지속적인 모니터링을 제공하는 개인, 집단 모임을 시작했다. 이는
고소인과 증인이 법정에서 최상의 정신적 상태로 진술할 수 있게
하기 위해서이다.

독재정권 하의 피해자 실종으로 인한 고통은 여전히 심각하기 때
문에, EATIP는 증언을 위해 소환된 이들과의 신뢰관계를 구축하기
위한 모임을 계획하기 시작했다. EATIP는 법원심리가 진행되는 동
안과 그 이후에 증인과 가족들에게 심리사회적인 지원을 제공하고
있다.

이러한 방법들은 협력적이고 정직한 환경을 만드는 데 유용하다.
이를 통해 재판에서 강력한 증거가 될 수 있는 증언을 확보할 수 있

고, 증인이 겪는 외상의 고통을 진심으로 이해하고 이를 다룰 수 있게 한다. 재판과정에서의 지원은, 국가에 의해 고통당한 과거의 공포감을 직면하는 데서 오는 증인들의 재외상화를 방지하거나 줄일 수 있다.

심리사회적 지원은 재외상화를 방지하고, 피해자와 증인이 반사적인 증상 출현을 겪지 않도록 예방하며, 고문가해자를 마주하고 증언할 수 있을 만큼 정서적으로 충분히 강해지는 데 목적이 있다. 이러한 지원을 통해서 증언이라는 행위가 피해자들에게 개인적 관점이나 그가 속한 피해자집단을 대표하는 관점에서 배상받는다는 느낌이 들기를 희망한다.

그러나 EATIP는 여전히 여러 어려움에 직면해 있다. 독재정권의 공문서가 기밀취급되고 있어서 실종자의 친지들이 그들의 소재에 대한 정보를 얻을 수 없다. 이로 인해 그들의 외상 수준은 여전히 심각한 상태이다.

게다가 소송과정은 너무나 느리게 진행된다. 재판은 장기화되고 있으며 많은 피해자와 가해자가 현재 연로한 상태이다. 이에 더해, 사전조사와 재판 진행과정에서 판결에 필요한 강력한 증거를 제시할 책임이 피해자와 그 가족에게 있다.

피해자와 사회공동체 전체는 국가에 의해 자행된 과거의 잔학행위에 대해 응당하고 본보기가 될 만한 처우를 얻기 위해 여전히 노력하고 있다. 더 나아가, 그들은 아직도 계속되는 가해자 사면에 대한 강력한 정치적 응답을 기다리고 있다.

고문사건에 대한 기록과 고문의 결과로 지속되는 피해자의 상해에 대한(이스탄불 의정서에서 합의된 국제 기준에 의한) 통합적인 의학적 심리학적 진단은 법적 행정적 절차에 앞서 증거를 준비할 때 매우 중요하다. 의학적 심리학적 증거는 피해자의 주장을 뒷받침하기 위해 법의학적 형식에 맞추어 법원에 제출되고 많은 경우에 결정적인 증거가 된다. 대부분의 재활센터는 내부적으로 법의학적 보고서를 준비할 역량이 있거나 독립적인 법의학 전문가에 의뢰할 수 있을 것이다.

독립적인 법의학 전문가(국제 법의학협회 등에 소속된)는 진단과 관련하여 법정에서의 직접적인 전문가 증언을 요청 받을 수도 있다. 통합적인 의학 심리학적 진단은 그 과정에서 피해자가 고문사건을 이야기해야 한다는 점에서 매우 외상적일 수 있다. 따라서 진단에 병행하는 적절한 심리사회적 지원이 필수적이다. 특히 피해자에게 진단의 진행과정과 이것이 본인의 심리상태에 미칠 수 있는 긍정적 부정적 영향을 알 수 있게 돕고, 진단의 전후에 걸쳐 정서적 심리적으로 지원하는 것이 매우 중요하다.

3부

———

결론과
제언

많은 고문피해자들은 사법적 정의 실현을 그들의 재활에 필수적인 요소로 꼽는다. 그러나 1부의 이야기에서처럼, 재판을 통해 얻을 수 있는 것에 대한 피해자들의 정당한 기대수준은 보통의 경우 충족되지 않는다. 피해자들은 사법적 정의 실현을 방해하거나 단념케 하는 수많은 상황에 부딪힌다. 이 중에는 협박, 재판의 지연, 고문피해자의 특수함을 이해하지 못하는 법조인 등도 포함된다. 고문피해자가 재판을 시작하기로 결정할 경우에도, 이러한 잠재적 요인들로 인해 재판과정에서 피해자가 심각하게 외상을 경험할 위험이 있어서 이에 대한 배려와 지원이 필요하다.

"재판과정에 대한 피해자의 인식을 높여 현실적 기대를 갖게 하는 것이 매우 중요하다. 이것은 피해자가 부정적 판결이나 장기간의 재판과정에서 소진되는 것을 막아줄 것이다. 또한 피해자는 법정에서 증언을 할 준비가 되어 있어서, 객관적이고 차분하게 자신의 외상을 떠올릴 수 있어야 한다. 이를 위해서 단지 주의를 기울이는 것뿐 아니라, 스트레스적인 상황을 극복할 수 있도록 훈련과 심리적 지원이 필요하다." _팔레스타인 점령지역의 TRC

이 보고서 2부에서 언급되었듯이, 사법절차의 매 단계마다 고문피해자에게 지속적인 심리사회적 지원을 제공하는 재활센터의 역할은 매우 중요하다.

심리사회적 지원의 예로, 재판에 앞서 고문피해자를 심리적으로 준비시키고, 재판과정에서의 피해자권리를 알리며, 법정에 동행하고, 고문피해자 개인의 요구에 따라 재판 후 후속 조치를 취하는 것 등을 들 수 있다.

"가장 중요한 것은, 재판절차가 피해자의 심리적 요구에 맞게 효과적으로 조정되어야 한다는 것이다. 재판의 모든 참여자는 법적 절차나 피고인에 대한 정당성을 훼손하지 않으면서 피해자의 심리적 부담을 줄일 방법을 강구해야 한다." _캄보디아의 TPO

보건의료 전문가와 법률 전문가의 협력 또한 매우 중요하다. 이들은 피해자에게 필요한 심리사회적, 법률적 지원을 충분한 정도까지 제공하고, 전문가 보고서 등을 통해 전문지식을 법정에 전달할 수 있다. 더불어 보건, 법률 분야와 사법부 이해당사자 사이 협력을 통해, 재판참여가 피해자에게 미치는 영향과 고문피해자의 특수한 어려움에 대한 인식을 증진시켜 재판부와 법률 전문가의 이해를 이끌어낼 수 있다.

따라서 재판절차 중 피해자의 요구가 보다 효과적으로 고려되도록 재판에 관계하는 모든 이해당사자(고문피해자, 보건 및 법률지원가, 법원공무원, 판사 등) 간 최대의 협력을 구축해야 한다.

"PRIVIA의 인적, 물질적 역량은 심각한 외상을 입은 피해자를 치료하기에도 부족하다. 심리사회적 재활에 대한 요구는 센터의 역량을 초과한다."_에콰도르의 PRIVIA

2부에서 제시된 심리사회적 지원을 제공하는 전 세계 재활센터의 숫자가, 지원을 필요로 하는 고문피해자의 수에 비해 훨씬 부족하다는 점을 짚어야 한다. 실제로 이 보고서에 참여한 센터들은 인적 재정적 자원의 부족이 재판에 참여하는 피해자를 위한 심리사회적 지원에 직접적인 영향을 미친다고 강조한다.

심리사회적 지원을 제공하는 재활센터가 직면한 어려움은, 법원이나 기타 정부기관이 제공하는 대안적 지원의 부족에 의해 더욱 커

진다. 이는 법원의 재정을 책임지는 정부기관과 같은 외부 주체가 더 많은 기술적 재정적 지원을 할 필요성을 분명히 보여준다. 이러한 재정적 지원 없이는, 재판과정에 참여하여 정당한 구제조치에 대한 권리를 실현하고자 하는 모든 고문피해자에게 적절한 심리사회적 지원을 제공하기 어렵다.

유엔고문방지 협약을 비준한 당사국은 적절하고 공정한 배상에 대한 접근 및 충분한 피해자 재활수단을 보장할 의무가 있다. 그러나 많은 당사국들은 이러한 책임을 충분히 인정하지 않고 있다.

그동안 수많은 고문피해자들이 적절한 심리사회적 지원 없이 재판에 참여해왔고, 수많은 다른 피해자들은 소송절차에 접근조차 할 수 없었다. 사법절차에 참여하는 피해자에게, 재외상화의 위험과 보살핌과 지원의 부재는 난점으로 작용한다. 피해자를 위한 적절한 지원책의 부재는 많은 이들에게 소송을 단념케 하고, 그 결과 더 많은 가해자들이 재판을 피해가게 됨으로써 가해자 사면방지를 위한 투쟁에 부정적인 영향을 미친다.

높은 단계에서의 제도정비만이 현 상황을 변화시킬 수 있을 것이다. 따라서 재판절차와 기타 고발 메커니즘 등 소송의 접근을 제공할 책임이 있는 당국이, 재판의 전 과정에 걸쳐 피해자 안녕의 중요성을 인식해야 한다.

이러한 인식을 바탕으로 하여, 재판에 참여하는 고문피해자의 전반적인 경험을 개선하는 데 필요한 조치들을 취하고 재정을 집행해야 한다.

국제고문피해자재활협회(IRCT)는 다음과 같은 지속적 조치를 시행하도록 권고한다

1. 국가에 대한 권고

구제조치의 기회를 모든 고문피해자에게 제공한다

• 국내법규를 제정해서, 고문피해자에게 보상과 재활을 포함한 적절한 구제조치와 효과적 해결책을 보장해야 한다. 형사상 법적 책임이 완성될 때까지 보상이 과도하게 지연되지 않도록 피해자들의 배상에 대한 접근권은 형사소송 절차와 독립적으로 인정되어야 한다.

• 사법적 해결에 필요한 자원이 부족한 고문피해자에게 충분한 법적 지원을 제공해야 한다.

• 국내법과 사법체계가 고문 또는 외상사건 피해자에게 재정적 지원을 시행해야 한다. 이를 통해 피해자가 사법적 행정적 절차 중 재외상화를 막기 위한 적절한 지원과 보호를 받을 수 있어야 한다.

• 고문피해자에 대한 배상판결이 신속하고 완벽하게 시행되어 피해자 구제 권리가 침해되지 않아야 한다.

고문피해자의 재활에 대한 권리를 보장할 의무를 인식한다

• 고문피해자에게 의료적, 심리사회적 서비스에 대한 접근권을 보장해야 한다.

• 소송제기 여부와 관계없이, 모든 고문피해자에게 가능한 완전한 재활을 차별 없이 보장해야 한다. 이때 재활은 의료적, 심리사회적, 법률적 그리고 사회적 측면을 포함한 전인적인 회복을 말한다.

• 유엔고문방지협약의 제14조에 명시된, 국가의 의무를 인정하여, 심리사회적 지원을 포함한 재활서비스의 역량과 재정을 확장해야 한다.

사법부는 재판에서의 고문피해자의 중요성을 인식하고, 피해자 지지와 보호의 필요성을 고려해야 한다

• 고문피해자를 심리적으로 지원할 수 있는 비(非)법률전문가를 재판에 동행하도록 장려한다.

• 고문피해자가 자기 언어로 증언할 수 있도록 하여, 법정에서 피해자의 경험을 중요시하고 증거를 제시하는 피해자의 중요한 역할을 인정해야 한다.

• 법관에게 고문과 가혹행위의 영향에 대한 교육을 시행한다. 교육내용은 증거를 제시하는 피해자의 역량 이해와 고문피해자를 대하는 감수성 훈련 등을 포함해야 한다.

- 효과적인 보호장치를 구축하여, 재판절차의 전 과정에 걸쳐 위협과 보복으로부터 고문피해자와 그 가족 및 증인을 보호해야 한다.
- 효과적인 증인 준비와 추적체계를 법원 내에 설립해야 한다.
- 사법절차에 성(性)적, 문화적 감수성을 적용하여, 고문피해자가 재피해자화(re-victimisation) 또는 사회적 낙인을 피할 수 있도록 하고, 피해자와 증인에게 차별 없는 대우를 보장해야 한다.

2. 심리사회적 지원을 제공하는 재활센터에 대한 권고

사법절차에 참여하는 모든 고문피해자에게 자원이 허락하는 대로 전문적인 심리사회적 지원을 제공한다

- 사법절차에 참여하는 모든 고문피해자에게, 절차의 전 과정에 걸쳐 조직적이고 적절한 장기 심리사회적 지원을 무료로 제공해야 한다.
- 사회적 지원은 예방적이고 포괄적이어야 하며, 피해자 중심으로 이루어져야 한다. 또한 의사, 심리학자, 치료전문가, 사회복지사, 변호사 등 고도로 훈련된 다방면의 전문가 개입에 기반을 두어야 한다.
- 법적 절차의 각 단계에서 고문피해자의 특별한 필요와 어려움을 고려해야 한다. 재판에 대한 피해자의 기대수준을 조절하고, 감정적으로 겪는 어려움을 다루는 등 피해자의 필요에 따

라 지원해야 한다.

- 심리사회적 지원에 피해자 가족을 포함시켜야 한다.
- 피해자의 변호인이 피해자의 외상을 이해하고 재판에서 더욱 효과적으로 지원할 수 있도록, 심리사회적 지원 과정에 피해자의 변호인을 포함시켜야 한다.
- 고문피해자가 본인의 경험을 이야기할 수 있는 생존자 지지 그룹을 조성함으로써, 피해자가 감정적으로 강해지도록 도와야 한다. 이 그룹은 다른 고문피해자, 가족, 친지, 보건의료 전문가, 인권운동가, 법률 전문가 등을 포함할 수 있다.

다학제 간 교환 프로그램과 워크숍을 수립한다

- 재판 중의 피해자에 대한 심리사회적 지원과 관련하여 지식과 전문성, 모범사례 등을 고문피해자 재활센터들 간에 공유해야 한다.

고문피해자의 구제받을 권리에 대한 인식을 높인다

- 고문피해자에게 기소권, 손해배상청구법과 함께 구제받을 권리 등을 알려야 한다.
- 더 큰 규모의 공동체를 대상으로 고문에 대해, 고문이 사회에 미치는 영향에 대해 교육하고 알려야 한다. 이를 통해 사회구성원이 고문의 존재와 가해자에 대한 재판의 중요성을 더 이해할 수 있다. 또한 교육을 통해, 사법적 정의의 실현이 고문피

해자의 재활에 필수적이며, 가해자 사면에 대항하여 중요한 역할을 수행한다는 것을 인식할 수 있다.

• 재정이 허락된다면, 고문피해자를 지원하는 NGO와 피해자 지원의 책임이 있는 정부기관의 재정지원을 증가시켜, 고문피해자에 대한 국가지원이 개선되도록 국가 의사결정자와 입법자들을 대상으로 로비한다.

3. 보건의료전문가에 대한 권고

재판절차에 참여하는 고문피해자를 지원할 경우, 법률 전문가와 협력한다

• 적절한 경우, 피해자가 법률지원에 접근 가능하게 해야 한다.

• 변호사, 판사, 검사 등 법률 전문가에게 외상사건의 피해자를 대하는 방법에 대한 정기적인 교육을 제공해야 한다. 변호사와 검사가 피해자의 재외상화를 야기하지 않는 감수성 있는 방식으로 적절한 정보를 수집할 수 있도록 면담기술 또한 교육에 포함시켜야 한다.

• 전문지식을 공유하는 다학제적인 접근방식을 촉진해야 한다. 법률, 보건의료 전문가가 함께하는 토론회, 학회를 통해, 재판 중의 고문피해자를 지원하는 데 필요한 전문지식을 교환할 수 있다. 이는 또한 전문가 사이 협력을 증진하고, 가장 좋은 방법에 대한 경험을 나눌 수 있게 도울 것이다.

보건의료전문가 및 고문피해자 재활센터와 협력한다

• 고문피해자 지원에 대한 다학제 간 접근을 위해, 보건의료 전
문가와 고문피해자 재활센터와 함께 전문지식을 공유해야 한다.
• 재판참여 중인 피해자를 지원하는 보건의료 전문가에게 재
판절차 훈련을 제공한다. 이 훈련은 사법절차를 적절히 준비할
수 있게 해 그들이 전문가로서 재판에서 증언할 때 피해자에게
최선의 도움이 될 수 있다.

사법절차에 참여하는 고문피해자를 위해 국제고문피해자재활협
회(IRCT) 회원센터들이 개발한 지원 프로그램 예시

다음 목록은 보고서에 참여한 피해자 재활센터들이 제시한, 재판
에 참여하는 고문피해자에 대한 심리사회적 지원의 가장 좋은 실행
방법의 예시이다.

실행 방법	국가, IRCT 회원센터
사법절차에 참여하는 고문피해자에 대한 전문화된 심리사회적 지원	
다방면의 지원 프로그램 : 센터가 피해자, 그 가족과 함께 법정에 동행. 피해자의 증언준비를 돕고, 법정증언 이후 치료적 지원을 제공	아르헨티나, EATIP
실종자 유해 발굴 기간 중 피해자, 피해자 가족 지원 등의 심리사회적 지지	볼리비아, ITEI
법정증언 후 즉각적인 심리적 지원 제공 : 피해자는 자신의 경험을 전문가와 공유 가능. 센터는 종종 예측하지 못한 상황에서 발생하는 피해자의 필요에 유연하게 대응	보스니아 헤르체코비나, CTV Sarajevo
의사, 심리학자, 치료전문가, 사회학자, 교육가 등의 다학제적 심리사회 지원	콜롬비아, CCAPS
피해자를 심리적으로 재판에 준비시키는 재판 전 지원과 재판 후의 치유적 개입. 불리한 판결 후 피해자 심리상태 추적관리	독일, bzfo
경찰진술 시 피해자와 동행, 법정 사전방문 및 피해자의 증언 준비 지원	케냐, IMLU
가해자 고소 시, 변호사 접촉 및 피해자에 대한 심리사회적 지원	몰도바, RCTV memoria
재판 전, 진행 기간, 종결 후까지 심리사회적 지지 : 재판 전 진술을 돕고, 재판 진행과정에서 피해자의 재외상화를 줄임. 재판 후 개인적 보고과정을 통해 피해자의 추가적 필요사항을 확인	루마니아, ICAR Bucharest
재판 전 심리학자, 사회복지사와의 상담	수단, ACTRVT
피해자 가족을 포함하는 심리사회적 지원	
심리적, 의료적, 치료적 지원이 피해자 가족에게도 상시 제공	콜롬비아, CCAPS
피해자 가족이 피해자를 이해하고 사회 공동체를 대면할 수 있도록 지원. 이를 통해 피해자 가족이 감정적으로 편해지도록 기여	인도, SOSRAC
재판 전후로 피해자와 그 가족과 함께 공판에 대해 상의	베네수엘라, Red de Apoyo

생존자 지지그룹 조성	
생존자 지지그룹은 가족, 인권활동가, 보건 전문가, 법률 전문가를 포함. 사회적 상호작용과 소속감을 형성하고, 생존자가 이야기할 수 있고 정서적 지지 받을 수 있는 모임을 제공. 지지그룹은 피해자와 가족의 의료적, 사회적 필요를 충족시키는 데 결정적	필리핀, MAG
피해자, 가족, 친지가 보건 및 법률가와 함께 지지그룹을 형성	루마니아, ICAR
법률지원, 재판부 및 법률전문가와의 협력	
검사, 변호사, 경찰, 사회복지사, 심리학자, 교육자 등을 위한 세미나 개최	보스니아 헤르체코비나, CTV Sarajevo
크메르루즈 국제재판소, 증인과 전문가 지원 단위, 피해자 지원 단위의 협력 : TPO는 준비 단계의 심리적 개입, 공판과 증언의 전 과정의 심리적 지지, 재판 후 심리적, 정신과적 개입과 추적 관리 등의 심리서비스를 제공. 피해자에게 기초적인 법률 상담을 제공하고, 크메르루즈 국제재판소의 소송에 참여하는 피해자의 법적 대리인과 긴밀하게 협업. 크메르루즈 재판소 직원을 대상으로 고문피해자의 외상에 대한 교육을 개발 중	캄보디아, TPO
피해자에 대한 직접적 보복의 위험을 줄이기 위해, 고문피해자를 대신하여 가해자를 고발	차드, AJPNV / CRVT
피해자의 소송을 지원하기 위해, 센터의 자체 법률 팀이 외부 변호사 및 다른 NGO의 법률 전문가와 협력	콜롬비아, Corporacion AVRE; 독일, bzfo; 몰도바, RCTV Memoria
피해자 및 가족과 함께 법정에 동행하고 법률적으로 조력하기 위해, UN과 협력하는 법률 클리닉을 설립. 피해자 집단은 가해자를 고소하는 법적 절차에 다른 피해자들이 참여하도록 호소하는 캠페인을 조직	콩고민주공화국, Save Congo
법적 과정에 참여하는 고문피해자를 돕기 위해 판사, 변호사, 인권활동가들의 회의 개최	레바논, RESTART
법정에 대리참석하는 등의 직접적인 법률 지원이 고문피해자에게 무료로 제공	케냐, IMLU; 세르비아, IANCRTV; 터키, SOHRAM / CASRA

재판 참관, 전문가 제공 등의 방법으로 재판부와 협력	몰도바, RCTV Memoria; 팔레스타인, TRC
심리·법률적 상담의 제공 : 피해자와 가족의 회복력을 강화하여, 사법절차에 참여하도록 함	필리핀, BALAY
외상을 입은 피해자를 대하는 방법을 포함하는 변호사 교육	수단, ACTRVT
법의학적 진단을 위한 협업	
페루 법의학자 집단 EPAF와의 협업 : EPAF는 사후 부검 전문기술 개발을 지원. 이를 통해 범죄와 범죄 피해자에 대한 정보를 얻고 증거를 찾아내고 사법절차에 쓰일 수 있는 법의학적 진단이 가능	케냐, MATESO

정의를 찾아서
법정에 선 고문피해자를 위한 심리사회적 지원

초판 1쇄 발행   2015년 10월 15일

지은이	국제고문피해자재활협회(IRCT)
편역자	김근태기념치유센터 '숨'
펴낸이	백 재 중
편 집	조 원 경
디자인	박 재 원
펴낸곳	건강미디어협동조합

등 록	2014년 3월 7일 제2014-23호
주 소	서울시 광진구 동일로18길 118
전 화	010-4749-4511
전 송	02-6974-1026
전자우편	healthmediacoop@gmail.com

값 8,500 원
ISBN 979-11-952499-4-7 03180